JN439269

노래하고 노래하고

김선환 수필집

교음사

책을 내며

인생은 끊임없이 내가 누구인가를 추구하다 가는 것이라는 생각이다. 그것은 의식이든 무의식적이든 일생을 통해서 작동하는 것 같다.

이번 수필집 출간도 결국 나를 찾아 나선 일에 해당한다. 그 길은 참을 수 없는 고행길이 아니라 괴로울 때나 슬플 때라도 언제나 즐거운 마음으로 노래하면서 찾아가는 길이다. 때로는 같이 때로는 혼자 노래를 부르며 지나가는 시간들이다.

마지막의 순간에서 노래를 멈추고 과거의 인생길을 돌아보게 되면 내가 누군지 선명하게 보일 것이라 믿는다. 노래하고 또 노래하며 찾아 나선 여행길 전부가 결국 나임을.

그러나 아직은 돌아서서 바라볼 때가 아니다. 모두가 외롭지 않고 사랑으로 가득한 세상을 만드는 일이 있다.

계속 앞으로 나가며 나의 노래를 우리의 노래로 그리고 모두의 노래로 합창할 꿈을 꾸어본다.

2022년 11월 **김 선 환**

차례

1. 나의 노래

2. 우리의 노래

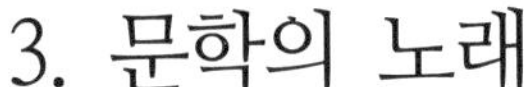

3. 문학의 노래

4. 자연의 노래

1

나의 노래

나이가 들어가면서 영원무궁 노래한다는 것이 우리 인생이라는 것을 새삼 느끼게 된다. 우리의 삶 자체가 노래이며 노래한다는 것은 삶을 찬미하고 즐기는 것이다.

노세 노세 젊어서 놀아

학창시절 학교 선생님들은 논다는 것에 대한 인상이 좋지 않았다. 젊어서 놀면 베짱이같이 된다고 늘 말하곤 했다. 당연하게 생각되었다. 그 시대는 그 말이 맞는 말씀이었다. 그러나 지금은 사정이 다르다. 논다는 의미가 바뀐 것이다. 이미 오래전부터 개미와 베짱이 우화는 그 의미가 전도되었다. 노는 베짱이가 창의적이어서 음반을 내고 크게 성공했다는 그런 이야기로 변질되었다. 개미는 어찌되었을까 궁금하다. 그냥 열심히 일하다가 병에 걸려 죽거나 아니면 아직도 열심히 일만하고 있을 것이라 생각한다. 세상의 변화에 부응하지 못하고 과거의 생각을 고집했기 때문이다.

지나간 시간을 돌이켜 보면 별로 놀지 못했다. 그렇

다고 뭔가를 열정적으로 해서 사회에 남길 만한 업적을 이룬 것은 없다. 그런 것이 아니더라도 내세울 개인적인 성과가 있었는지 애매하다. 직장생활을 열심히 하는 것은 당연한 일이다. 단지 더 열심히 했어야 한다는 아쉬움만 남는다. 그러니 열심히 놀아본 일도 별로 없다. 원래 잘 노는 사람이 일도 잘한다고 말한다. 맞는 말이다. 젊은 시절에는 오래 일을 해야 잘하는 것처럼 보였던 시대이다. 그만큼 일이 많아서 놀 만한 시간이 없었다. 지금은 효율성이 증대되어 당시 분량의 일이라면 그렇게 오래 일하지 않아도 될 것이다.

우선 교통과 통신의 발달로 며칠 걸리던 출장의 일들이 한나절이면 가능한 시대이다. 컴퓨터의 발달로 정보와 지식의 양이 엄청나서 취사 선택에 문제가 있을지언정 다양한 정보에 접근하는 일에 어려움은 없다. 지금의 입장에서는 오래 일을 한다는 것이 비효율적이지만 당시에는 최선의 방법이었다. 그런 과정을 거쳐 오늘 우리 사회가 있으니 그다지 섭섭하지는 않다. 가까운 미래에서 본다면 지금의 시대도 구식일 것이다. 시간은 지나가므로 주어진 시대의 형식에 맞게 열심히 일한 다음 쉬고 노는 것이 최선이다.

과거에는 노는 이야기를 공식적으로 언급하기를 꺼렸다. 무언가 나쁜 일같이 인식되어 있었기 때문이다. 없던 시절이라 열심히 일하지 않으면 안 되는 시대였으니 그런 생각도 당연시 여겨졌다. 당시에 노는 사람이란 그저 술 먹고 노름하고 가산을 탕진해서 패가망신하는 그런 이미지를 가지고 있었다. 물론 잘못된 일반적인 생각이다. 잘 논다는 것은 노는 방법을 잘 알고 있어야 가능한 일이다. 그리고 숙달을 위해서는 시간이 필요하다. 체력도 필요하다. 젊어서 노는 방법을 배워야 나중에 잘 놀 수 있는 것이다.

놀자는 노래는 아주 오래전부터 가요에서 유행했다. 우리 민요 태평가나 청춘가에도 놀자는 가사가 나온다. 또한, 온 국민이 밤낮없이 일하던 시기인 1962년 김영일 작사 김성근 작곡 황정자가 부른 「노래가락 차차차」에도 놀라는 이야기가 잘 표현되어 있다. 이 노래의 가사 중에 늙어지면 못 논다는 말이 있다. 나를 두고 하는 말 같다. '화무는 십일 홍이요, 달도 차면 기운다'는 가사는 노는 것도 때가 있다는 시간의 중요성을 의미하는 것이다. 그저 경쾌한 음악으로 들리던 노래가 언제부터인가 절절하게 공감하게 되었다.

학창시절에 당구나 사교춤 같은 것들은 일부에서는 부정적인 인식이 있는 노는 일이었다. 그러나 지금은 당당한 스포츠가 되고 전문선수들도 많아졌으니 상상도 할 수 없는 놀라운 일이 되었다. 그때 잘 놀던 사람들이 전문가가 되어 활약했고 이미 원로들이 되어 후학들을 양성하고 있다.

노는 일도 전문적으로 하면 달인이 되거나 전문가가 된다.

그리고 스포츠나 예술의 한 종목이 된다. 당구는 젊은 시절에 유행을 했고 그때 잘 놀던 세대들이 은퇴를 해서 아마추어 당구 붐을 일으키고 있다. 그들은 은퇴 후에 정기적으로 모여 당구를 치고 난 후에 간단하게 식사하고 헤어지는 단순한 모임을 갖는다. 적은 비용으로 시간을 보내기는 아주 좋은 놀거리라 할 수 있다. 직장에서 골프를 하던 사람들이 은퇴 후에는 체력과 비용문제로 당구를 즐기게 된다. 나는 당구를 치다 말아서 그런 자리에 낄 수가 없다. 제대로 배운 적이 없는 초보이기 때문이다. 물론 지금도 좋아하는 편은 아니다. 못하니까 그런 것이다.

젊은 시절 당구바람이 불 때 즐겁게 놀아보았으면 지금 어느 정도 실력을 갖추었을 것이다. 그저 노는 일이라 등한시한 것이 아쉬운 일이 되었다. 이제는 놀아 볼 힘이 없고 어디 가서 새로 배우는 일도 난감하다. 대개는 좋아해서 잘하게 되고 잘해서 즐기게 된다. 그런 점으로 보면 젊어서 잘 노는 일이 아주 중요하다.

지금 젊은이들은 놀 거리가 너무 많다. 그리고 모든 여건이 갖추어져 있다. 야구공을 가지고 논다면 노는 수준이 높아져 아마추어 야구팀같이 제대로 된 장비를 갖추고 체계적인 연습을 통해 야구를 즐길 수 있다. 축구나 자전거를 비롯해서 다양한 해양스포츠도 즐길 수 있다. 놀기 위해 전문적인 지식과 훈

련을 쌓기도 한다. 나이 들어 배우고 즐기는 사람도 있지만 많은 시간과 집중력이 필요하다. 논다는 것은 돈 버는 일 이외의 취미활동이다. 조금 더 확장해서 말하면 아무것도 안 하고 멍때리기부터 맛있는 집을 탐방하거나 다양한 주제 체험하기 등등 모든 자발적인 것은 노는 행위로 볼 수 있다. 놀다 보면 전문적인 지식이 쌓이고 경험이 축적된다. 어찌 보면 일이 위주고 노는 것은 휴식이라 생각되었던 것들이 개념이 바뀌었다. 휴식은 또 다른 의미이다. 놀 시간은 많았지만 별로 잘 놀아본 일이 없는 나는 후회막급이다. 무엇 하나 잘 놀면서 배웠더라면 지금쯤 그 분야의 전문가가 돼서 나이에 맞게 프로같이 즐길 수 있었을 것이다.

혹시 지금 열심히 하고 있는 문학창작을 노는 일이라 말한다면 주변의 문인들이 뭐라고 할지 걱정이 된다. 문학은 놀면서 하는 일이 아니라고 이야기할 것이다. 혹시 나의 의견에 동감해주는 문인은 없을까 생각해 본다. 왜냐하면, 노는 일로 생각하고 부담감 없이 창작한다면 영감이 잘 떠오르고 참신한 작품을 만들 수 있다고 생각한다. 그렇다면 남 부럽지 않게 놀거리를 풍성하게 가지고 있는 것이 된다.

노래하고 노래하고

우리가 살아가는 것은 노래하는 것으로 볼 수 있다. 새가 소리를 내는 것을 노래한다고 표현한다. 새의 소리를 자신의 감정을 이입하여 즐겁게 노래한다든지 슬프게 노래한다고 이야기한다. 새가 의사소통하는 모든 것을 노래하는 것으로 보는 것이다.

오래전 인류 초기 당시 언어가 발달하지 않았을 때 우리도 새와 같이 소리를 내어 기본적인 소통을 했을 것이다. 우리와 사촌격인 침팬지들의 소통방식과 유사하게 소리 내어 필요한 것을 서로 전달했을 것으로 본다. 이미 많은 생명체의 소통방식이 연구되어 발표되고 있다. 돌고래의 소통방식, 개미나 벌의 소통방식 등은 널리 알려져 있다. 모든 소통방식을 노래하는 것으로 보지 않는다. 아름다운 새소리만이 노래한다고 보는 것이다. 듣기 거북한 새의 소리도 많다. 그러나 들어서 불편한 것은 인간이지 새와는 무관하다.

다행스럽게 우리는 소통방식에서 노래를 발전시켜 예술로 승화하였다. 21세기 현대를 살아가는 사람들에게 노래는 삶을 지켜주는 생활의 한가운데 자리 잡고 있다. 알게 모르게 노래를 즐기고 노래에서 위로를 받는다. 특히 우리는 노래와 춤을 즐기는 민족으로 알려져 왔다. 우리가 노래를 즐기고 잘한다는 것은 우리뿐만 아니라 세계 사람들도 인정한다고 본다. 그 많은 노래방이 수십 년 동안 성업 중이고 잠깐 한두 곡 부를 수 있는 동전 노래방 같은 다양한 형태로 발전하고 있다.

이외에도 케이팝이나 트로트와 국악 등이 많은 사람들의 생활 속의 즐길거리로 들어와 있다. 가수가 아니더라도 노래를 잘하는 사람이 많고 노래를 못해도 즐기고 감상하는 사람들이 많다. 또한, 노래방 덕분에 관객은 없어도 가수처럼 멋있게 노래 부르는 것이 가능해졌다. 노래가 사람과의 소통방식으로 자리잡다 보니 노래연습을 통해 노래할 수 있는 능력을 향상시키기도 한다. 한때는 직장에서 회식 후 노래방에 가는 것이 으레 당연한 것으로 여겨졌다. 그리고 최소 한 곡 이상은 부르는 것이 통관절차였다. 그래서 노래 연습이 필요했고 잘하는 노래 두 세곡 정도는 연습을 해야 했다.

『노래하고 노래하고』의 수필집 제목은 내가 졸업한 배재중고등학교 교가의 가사 중에 있는 말이다. 교가의 가사치고는 참으로 단순한데 곡마저 미국대학 응원곡을 갖다 붙인 파격적인 교가이다. 반복되는 것을 제외하면 51자의 짧은 교가의 가사는 다음과 같다.

우리 배재학당 배재학당 노래합시다
노래하고 노래하고 다시 합시다
우리 배재학당 배재학당 노래합시다
노래하고 노래하고 다시 합시다
영원무궁 하도록 롸롸롸롸 씨스뿜바 배재학당 씨스뿜바

대개의 교가는 엄숙해서 산과 강의 정기로 열심히 공부해서 국가와 사회의 밀알이 되자는 취지의 가사가 많다. 배재학당 교가는 처음에는 다들 이상하게 여기다가 쉽게 따라 부르게 되는 노래이다. 공부하거나 위인이 되라고 가르치지 않는다. 노래하자는 것이다. 그것도 다시 하고 다시 해서 영원무궁토록 하라는 교가는 이 세상 어디에도 없는 독특한 내용이다.

중학교 입학할 때는 조금 창피했는지 모르겠다. 초등학교 교가도 그 정도보다 좋다고 생각했기 때문이다. 그래도 6년 내이 교가를 부르게 되는 이유는 교가뿐만 아니라 응원가로도 사용했기 때문인데 길거리나 운동장에서 거리낌없이 부르는 노래가 되었다. 중독성이 있어 나중에는 학교를 떠난 이후에도 동문 친구들 모임에서도 자주 부르게 되었다. 지금은 주변의 다른 사람들을 의식해서 자제를 하지만 눈치 보며 부를 수 있는 용기는 있다. 교가와 더불어 당시에 유행하던 전석환의 「노래의 메아리」라는 노래책을 음악책보다도 더 애용하였다. 학교에서 공식적으로 이 책에 수록된 노래를 가르치고 불렀다.

나이가 들어가면서 영원무궁 노래한다는 것이 우리 인생이라는 것을 새삼 느끼게 된다. 우리의 삶 자체가 노래이며 노래한다는 것은 삶을 찬미하고 즐기는 것이다. 내가 창작하는 시나 시조와 동시의 세계도 마찬가지이다. 창작 자체가 삶을 노래하는 것이고 그 노래를 시나 시조나 동시로 표현하는 것으로 볼 수 있다. 생존을 위해 일하고 먹는 것을 제외하면 사회생활을 소통하는 것이고 소통은 노래하는 것이다. 삶을 노래한다는 것은 우리의 삶을 즐기면서 자신들에게 맞게 살아간다는 이야기이다. 자신의 삶을 '노래하고 노래하고' 다시 할 수 있다는 것은 살아있다는 것을 증명하는 축복의 징표이다. 나의 노래는 생명이 다할 때까지 영원히 계속될 것이다.

삶의 키워드

덧없이 태어나서 하루하루 살아가는 것이 우리네 삶이다. 여기에서 덧없다는 말은 자신의 의지와 관계없이 세상에 나와서 살아간다는 것이다. 과거의 영웅들은 출생의 목표가 역사적 과업을 이룩하려고 태어났다고 이야기한다. 그러나 사실이 아닌 신화에 불과하다. 비자발적 출생 이후 우리의 삶은 그 지역의 문화에 따라 그 방향이 정해지며 관습에 맞게 살아가게 된다.

세상을 알고 결정해서 태어난다면 어떻게 되는 것일까. 있을 수 없는 일이니 가정이 필요 없지만 생각해 보면 재미있다. 세상이 힘들다고 생각하면 세상에 왜 태어나서 이 고생인가 하는 생각이 들 때도 있을 것이다. 사람들 스스로도 자기 한탄조로 내가 왜 여기에 태어나서 고생하는지 모르겠다고 이야기한다. 소설이나 드라마 속에서도 자주 등장하는 대사들이다. 아프리카에 사는 국민들이 종족 간 내전에 휩싸여 이유 없이 주민과 아이들이 학살을 당한다거나 가뭄으로 물이 부족하여 흙탕물 한 통을 구하기 위해 수 킬로를 걸어갔다 온다는 뉴스를 자주 접하게 된다. 그때마다 그 사람들이 무슨 죄가 있어 거기에서 태어났는가 하는 안타까움에 휩싸인다. 북한을 탈출한 사람들이 한국에 와서 북한에서 태어난 죄로 세상도 모르고 인간 이하의 생활을 하다가 생사의 고비를 넘게 되었다고 이야기한다. 적어도 과학문명이 발달하고 세계가 일일생활권에 접어들었지만, 지역이나 민족 그리고 나라에 따라 과거의 시대를 살아가는 사람들이 많다.

종교가 국가를 과격하게 지배하거나 과거의 이념에서 벗어나지 못하는 많은 나라가 존재하고 있다. 심지어 만 년 전의 삶과 유사하게 살아가는 밀림의 부족도 있다. 진정한 세계의 평화가 오는 날은 어디에 태어나더라도 기본적인 인간의 권리가 살아있고 최저생활이 충족되는 세상이 될 때 가능할 것이다. 그러나 미래는 암울하다. 그러한 세상은 현실적으로 요원하고 약육강식의 투쟁이 점점 노골화되는 현실을 보고 있다. 가슴이 먹먹해진다. 국제사회도 최소한의 도덕이나 예의가 없어진 지 오래전이다. 세상은 점점 인간성이 상실되어 회복이 불가능한 수준으로 가고 있다.

한때는 핵전쟁의 위험을 시계로 나타내며 전 지구인에게 경고를 주던 인류멸망의 시계도 사라진 지 오래된 것 같다. 내일 당장 핵전쟁의 소용돌이 속으로 들어가 공멸한다 하여도 이상할 것이 없는 상황이다. 참으로 인간의 과잉된 욕망이란 것은 막을 수 없다. 2차 세계대전이 끝난 지 백 년도 안 되는 시점이다. 이런 점을 감안할 때 할 수 있는 넋두리가 있다. 너무 일찍 태어났다고 말하는 것이다.

이제는 장소뿐만 아니라 시공간의 차원 이동이 필요한 시대이다. 과거로 가는 것과 미래로 가는 것 중 선택한다면 어디가 좋을 것인가 하는 실없는 상상을 하게 된다. 과거로 간다면 오순도순 살았을 거라고 판단되는 석기시대로 만 년 이상 올라가야 할 것 같다. 국가가 만들어지기 전 시대가 좋을 것이다. 과거시대의 연구결과는 인류는 여기저기 사냥을 다니다가 만 년 전부터 정착하여 농사를 짓기 시작해서 마을을 이루고 초기 형태의 부족국가로 발전하였다고 한다. 6, 7천 전 일이다.

그러나 문명의 발전 속도로 볼 때 그렇게 되기 위해서는 수천 년의 시간이 더 필요하므로 만 년 전에도 초기 집단형태의 부족이 존재했을 것이라 가정해본다. 이때도 끊임없는 세력 확장을 위한 분쟁과 전쟁이 있었을 것으로 추정된다. 좀 더 평화를 추구하기 위해서는 오천 년 정도 더 과거로 가는 것이 안심이 된다. 그 시절에는 평화가 있었을까 다소 의구심이 들기도 하지만 그때도 없었다면 인간들에게는 지금까지 평화가 없던 것이다.

미래로 가는 일은 안전하게 한 천 년 뒤를 상정해 보면 31세기 정도 되는데 너무 뒤로 잡은 것인지 모르겠다. 저명과학자들은 인류의 멸망이 그리 멀지 않았다고 예측하고 있다. 핵으로 멸망했거나 인구증가와 자연재해로 물과 식량부족이 원인이 되어 멸망했을 가능성이 크다는 이야기다. 천 년 뒤에 가보면 인간들은 사라지고 무너져 버린 문명의 흔적들과 알 수 없는 생명체로 가득 찬 지구를 보게 될지 모른다. 아니면 뜨거워진 지구나 얼어버린 지구를 보게 될 가능성도 있다.

혼란한 세상을 보며 인간은 누구인가라는 근원적 질문을 하게 된다. 차라리 인간은 무엇인가 하는 질문이 원초적이다. 끊임없는 욕망으로 수없이 많은 전쟁을 유발하는 인간들의 생각은 무엇인지 하는 점이다. 과학자들은 우주의 생성에서부터 물질을 이루는 기본 원소의 규명과 별의 생성과 소멸을 과학적 근거를 가지고 이야기할 수 있다. 적어도 125억 년의 우주 역사와 지구생성 46억 년의 역사를 규명할 수 있다. 또한, 모든 생명체의 탄생과 진화과정을 충분하게 증명할 수 있다.

오랜 지구역사에서 인간이 나타난 것은 최근의 일이다. 인간종이 출현한 700만 년 전의 역사는 미흡하나마 증거가 많이 수집되어 설명이 가능하다. 최근에 발전하기 시작한 진화생물학이나 진화심리학 등은 인간의 마음까지도 연구대상으로 삼는다. 뇌 과학의 연구는 인간의 사고 메커니즘을 분석한다. 최근에 과학은 비약적으로 발전하여 이전 세대의 사람보다 많은 것을 알게 되었다. 그러나 여태껏 알 수 없는 것은 인간끼리의 싸움과 파괴 본능이다. 그런 인간들이 사랑과 연민 희생 등의 고결한 마음들도 동시에 가지고 있는 것은 모순적이다. 과학의 발전에도 불구하고 아직은 모르는 것이 너무 많다.

나의 후반의 삶에서 관심 있는 키워드는 인간에 관한 모든 것이다. 인간의 생각과 마음 그리고 행동에 관한 사항들이다. 좀 더 구체적으로 보면 인간의 파괴본능이나 잔인함 등 부정적 행위와 사랑과 희생 협동 같은 인간의 긍정적 감정과 행위 등에 대한 탐구이다. 이와 같은 키워드는 죽는 순간까지 답을 구할 수 없는 질문으로 그칠 수 있다.

젊음의 향기

그 많은 시간은 어디로 갔을까 하는 생각을 하는 때가 있다. 분명한 것은 시간을 뛰어넘어 오늘에 있는 것은 아니다. 혹시 기억할 만한 일이 없이 지나와서 그런지 과거로 돌아가서 짚어본다. 그러나 이 과정이 희미하다. 많은 일들이 희미하게 기억나지만, 당시의 감정들은 남아 있지 않다. 마냥 바쁘게만 지내왔던 것이 원인인지도 모른다.

10년씩 끊어서 뒤로 가면서 생각해 본다. 간단하게 2020년을 기준으로 뒤로 가는 첫 10년은 비교적 뚜렷하다. 다음 10년은 2000년대인데 사회적으로 여러 가지 변화가 있던 해이다. 그다음 10년은 1990년대이다. 30년 뒤로 온 세상은 한창 일을 할 때이다. 다시 1980

년대로 가본다. 학창시절이 걸리고 직장생활은 한때이다. 더 뒤로 가기도 뭐하지만, 다시 10년을 뒤로 가면 1970년대로 고등학교 시절과 대학시절이 나온다. 뒤로 가다 보니 한국사회의 역동성과 변화성이 느껴진다. 10년 단위로 사회는 요동쳤다. 그 속에 많은 사건이 존재한다. 나의 삶도 채 익지 않은 모습으로 비춰진다. 단지 젊었을 뿐이다. 지금의 생각으로 1970년대로 돌아가면 좋을까 생각해 본다. 익지 않은 내가 아니라 애매하게 익어버린 상태의 나를 가지고 이동해 보는 것이다. 그러면 50년 전이다. 지금의 시점에서 50년은 나에게는 짧은 시간이다. 불과 얼마 전으로 생각이 들지만, 반백 년 과거가 된다. 당시는 세상이 지금과 판이하게 달랐음을 알 수 있다. 우리 사회도 마찬가지이다.

70년대 당시의 젊은이들은 풋풋했지만 시대적 상황이 심상치 않은 세월이었다. 일부 그런 모습을 오늘의 시간에서 목격한다. 지금 유연성을 가진 젊은이들과 비교해 본다면 당시의 젊은이들은 경직된 부분도 있지만 논리적이고 사회 비판적인 태도를 가지고 있었다. 복잡한 사회현황 중에서도 남녀의 만남과 사랑은 여전했고 각종 미팅과 나이트클럽은 성황을 이뤘다. 한편으로는 끊임없는 데모로 휴강과 복강이 반복되었다. 청년문화로 특징 지어지는 통기타, 청바지, 생맥주 등의 상징이 이야기되기도 했다. 장발이 그 항목에 있었는지 모르지만 나는 머리가 길었다. 당시 장발의 젊은 가수들은 요즘에는 단정한 모습을 하고 가요무대에서 노래를 부르고 있는 것을 볼 수 있다. 일제 디지털시계와 전자계산기들을 갖게 되는 때이기도 했다.

미래에 대한 막연한 불안감은 여전했다. 당시가 산업화시대라서 취업은 문제없었다고는 하지만 모든 전공과 학생들이 그랬던 것은 아니다. 단지 전체 대학생이 청년 인구의 20~30프로 정도로써 적은 시대였다.

고무적인 일은 손대지 않은 자연은 지금과 비교가 안 될 정도로 큰 면적을 차지하고 있었다는 점이다. 온 지역이 시골이었다. 빈한한 삶이 거기 있었다. 도시에 즐비한 판자촌과 하천마다 넘치는 생활폐수 등 당시의 모습을 사진으로라도 본다면 지금 젊은이들은 한국이 아니라고 생각할 것이다. 상상도 할 수 없을 것이다. 여러 문제에도 불구하고 작은 대한민국이 막 커지고 있는 징조를 보이는 시점이다.

당시의 사회상을 반영한 소설들이 유명한 것이 많다. 혹시 하늘의 신께서 다시 가서 살아보라면 사양할 마음이다. 그 이유는 간단하다. 불편해서 살기 어려울 것이다. 70년대를 지나서 80년대 90년대로 오면 마음이 좀 편해진다. 개인적으로 정해질 것은 정해지고 삶을 되돌리고 싶은 생각이 나지 않은 40대 중반과 50대 중반이 되기 때문이다. 어디서나 열심히 일하고 성과를 내고 마무리 수순으로 들어가는 때이다 젊은 시절로 돌아가는 것이 싫은 것이 아니다. 단지 그 시대에서 시작하기 싫을 뿐이다. 그렇다고 지금이 당시보다 아주 좋은 시대라고는 말하기 쉽지 않다. 다가올 미래가 그다지 밝지 않기 때문이다. 젊음이란 것은 젊은 시절에는 느낄 수 없다. 지나친 말일 수도 있다. 혹시 느낄 수 있어도 나이든 이들이 생각하는 젊음과는 많은 차이가 있을 것이다. 세상은 지나 봐야 아는 일이 많다. 젊음도 마찬가지다. 지나가지 않고는 그 아름다움을 발견할 수 없다. 그래서 나이든 이가 회상하는 젊은 시절이 현재 젊은이들이 자신을 생각하는 것과는 다른 것이다. 젊은이들에게는 미래는 오지 않았고 현실의 문제를 해결해야 되는 삶만이 존재하기 때문이다. 젊은 시절이 그리운 나이든 이들은 지금의 생각을 가지고 젊은 몸만 필요한 것은 아닌지 모른다. 불가능한 일이다. 단지 생각만 과거로 돌아가 회상하는 것일 따름이다.

나 자신은 50대가 제일 좋은 시절이라 생각한다. 지금의 입장에서 보면 당시도 나의 젊은 시절이다. 연령별 구분에 따른 나이는 아닐지라도 어느 정도 안정된 기반 위에 해볼 만한 것이 너무 많은 시대이기 때문이다. 돌아가고 싶은 시기는 사람마다 다를 것이다. 그러나 어떤 통계에서 보면 50대가 가장 많았다고 하는데 당연하게 50대 이상 사람들에게 물어보았을 것이다. 사실 40대나 50대 초반 사람들에게 물어볼 일은 아니다.

적어도 60대로 삶의 한 사이클이 끝나가거나 끝난 사람에게 필요한 설문일 뿐이다. 그런 이들도 현실적으로는 돌아갈 길은 없다. 단지 남은 시간에 부지런히 계획을 세워 미처 완성하지 못한 일들을 하고 싶을 뿐이다. 비교적 또렷하게 떠오를 수 있는 과거 젊음의 향기를 느끼기 위해서는 오늘 당장 일들을 시작해야 한다. 하고 싶은 일을 하면 젊어진다. 무엇이든 할 수 있는 환경이다. 요즈음은 무엇을 해야 할지 모르는 것이 문제이다. 오늘도 어제와 같은 하루가 지나가고 있다. 너무 나이가 많아지기 전에 결단이 필요하다.

꼰대와 틀딱

꼰대와 틀딱은 비슷한 의미로 쓰인다. 두 단어 모두 고집 있고 경직된 나이 든 사람들을 이르는 말이다. 언제부터 틀딱이란 단어가 유행했는지 모르지만 꼰대는 나의 학생시절에도 있던 말이다. 대개 젊은이들이 자기들과는 정서적으로 맞지 않은 나이 든 사람들을 보고 비아냥거릴 때 사용한다. 그러면 이러한 단어는 계속 사용이 될 것인가. 시간이 지나가면 새로운 용어로 대체가 되던지 슬며시 사라질 것이다.

나의 세대는 광범위하게 보자면 출생률이 높았던 1차와 2차 베이비부머세대들이다. 이 시대 사람들은 6.25전쟁을 겪지는 않았어도 어린 시절 전쟁의 상처를 보고 지냈다. 미군물자나 미국에서 보낸 구호물품들을 사용하던 시절이다. 미제물품이 제일 좋은 것으로 생각하던 세대이다. 실제로도 좋았다. 당시 나의 선배들은 지금의 개념에서 보면 꼰대들이었다. 중고교시절 선생님들을 꼰대라 부르기도 했는데 자주 사용하던 단어는 아니었던 것 같다.

나는 은어를 사용한 적이 거의 없다. 왠지 모르게 사용하는 것이 싫었다. 특히 꼰대는 단어가 아름다운 것도 아니고 발음도 별로이기 때문이었다. 70년대에는 젊은이들이 사용하는 은어에 대해서 연구하는 교수들도 있었는데 지금의 기억으로는 경희대학교 서정범 교수가 이런 연구를 많이 해서 신문에 발표했던 것으로 알고 있다. 언제나 그렇듯이 은어는 한때 유행하다 사라져버리는 속성이다. 시간이 지난 후에는 잊어버린다. 사회생활 중에 가끔 젊은이들의 은어들을 모은 기사가 지면에 올라와도 무관심하게 되었다.

나는 선후배가 명확하게 구분되는 때에 학교를 다닌 관계로 과장해 말한다면 선배들을 하늘같이 모셨다. 사실 모신다는 것이 뭐가 크게 다른 것은 아니다. 예의를 많이 차린 것이 전부다. 지금도 마찬가지이다. 모시는 요령은 선배들의 말을 존중하고 되도록 따라주면 된다. 무리한 요구가 아니면 그렇게 한다. 단지 그런 세대이기 때문만이 아니라 선배에 대한 예의는 인간관계의 기본이기 때문이다. 나이가 든다고 형성된 인간관계가 급격하게 바뀌는 것은 아니다. 그러나 관계는 시간이 지남에 따라 형태도 변해간다. 모든 세대들이 같은 양식으로 행동하지 못한다. 사회의식의 체계가 달라지기 때문이다. 이미 90년대 이후로는 점점 개인주의가 팽배하게 되고 선후배 관계도 희미해져 가고 있다. 당연한 이야기다. 과거에 꼰대라는 것은 젊은이들이 자신들의 생각과 다르다고 색안경을 끼고 보고 비난을 하는 나이든 이를 보고 그렇게 별명을 지은 것이다.

꼰대가 꼰대로 존재하기 위해서는 받쳐주는 후배들이 있어야 한다. 우리 세대는 충실한 후배 역할을 했던 것이고 지금도 어느 정도 그 역할을 한다. 그래서 꼰대의 수명은 길었다. 사실 모든 선배세대가 꼰대 역할을 한 것은 아니다. 오히려 후배들을 포용하고 책임지며 끌어주려고 노력했던 사람들이 더 많다. 일부 선배들이 시대의 흐름에 적응하지 못하고 변하지 않은 형태로 남아 있어 꼰대라는 이름을 갖게 된 것이다.

꼰대의 인생 여정을 추적해보면 충분히 이해가 가는 점이 있다. 어느 날 태어난 시간과 장소를 보니 일제 강점기의 망해버린 조선 시대라고 가정한다면 나는 어떻게 살았을까 하는 생각이다. 그 시대에 태어난 사람들이 망해버린 나라에서 일제의 강압적 수탈에 시달리며 살아왔다는 것은 각자의 생존능력이 대단하다는 것을 말해준다. 그들은 어려운 침탈의 시대를 살다가 해방되어 겨우 독립된 나라에서 혼란을 겪다가 바로 전쟁에 휘말려버렸다. 수없이 많은 사람들이 죽어 나갔다. 이 세대가 꼰대라 불리는 부모와 선배들의 세대이다. 이들은 후에 1세대 산업전사가 되어 휴일 없이 밤낮으로 일을 하여 가족들을 부양했다. 그리고 무엇 하나 없이 시작하여 나라의 경제를 일으키게 된다. 현실에 따른 본능적 생존 능력이 그들의 삶과 국가의 발전에 원천이 되었다. 나는 이들의 삶을 존경해 맞이한다. 그들의 후배에 대한 권위주의인 태도는 크게 문제시되지 않는다. 과거의 시대가 장유유서의 사회였고 시대가 변하면서 그들도 많이 변해왔기 때문이다. 결론적으로 꼰대는 시대적 배경을 가지고 있고 역사적 산물인 점이다. 아쉽게도 당시의 꼰대들은 오래전에 은퇴했고 이제 수명을 다해 조용히 사라지고 있다.

요즈음 개인 컴퓨터의 발전과 휴대폰의 등장으로 광범위한 축약문자들과 신조어 단어들이 때로는 글을 읽는데 난해하여 별도로 적어 놓고 참조한다. 이런 단어들은 은어나 유행어가 아닌 어엿한 단어로서 자리 잡아 가고 있다. 어차피 없는 단어이어서 새로운 용어의 필요성으로 태어난 단어들이다.

틀딱이란 단어는 꼰대보다는 최신 조어로 사용되었다. 단어의 뉘앙스에서 젊은이들이 본래 사용하는 의미와 관계없이 한 틀에 꽉 매인 사람이란 생각이 든다. 오히려 꼰대보다도 더 의미가 와닿는다. 오래전 꼰대들이 지배하는 사회로 편입되는 젊은이들이 이전과는 다르게 생각하고 행동한다는 것이 꼰대들에게 불편한 문제가 되어 논란이 많았다. 말하자면 꼰대들이 보는 젊은이들은 자기주장만 하는 싸가지 없는 인간들이라는 인식이었다. 30년도 더되는 시기부터 나온 이야기이다.

시간적으로 보면 틀딱으로 불리는 사람들이 50대 정도로 옛날 꼰대들이 불만을 터트린 그 당시 젊은 세대가 주류인 것 같다. 그러니까 틀딱은 꼰대의 후계자라고 이야기할 수 있다. 꼰대를 향해 투쟁했던 젊은이들이 꼰대들의 버려야 할 행동양식을 본받은 것 같다. 틀딱의 세대는 꼰대보다 발전된 모습으로 변신을 하고 나타난 것이다. 진보한 모양새이다. 꼰대는 이해가 간다. 그리고 사라져 간다. 그러나 틀딱은 시대적 배경과 관계없이 나이가 들면서 사고가 경직되어 생겨난 형태이다. 이해하거나 고려할 가치가 없는 것 같다. 틀딱세대들은 이기적이고 경직된 사고를 시급히 버려야 틀딱이란 용어를 만든 젊은이들에게도 도움이 된다.

다리의 추억

유년시절의 기억은 세월이 흘러도 아련하게 떠오르며 안개에 가려진 것 같은 모호성을 더해 신비한 감정을 갖게 한다. 아마도 새로운 세계를 처음 마주하며 얻는 경험의 과정에서 느껴지는 강렬한 감정들이 남아 있기 때문이다. 같은 세대는 비슷한 자연환경과 문화 속에서 동질적인 정서감을 가지게 된다.

세월이 흐를 만큼 흐른 뒤 그 기억은 동시대의 사람끼리 추억이라는 이름으로 이야기된다. 또한, 대화의 과정 과정에서 공감을 갖게 하고 잠시 동안 순수한 마음으로 돌아가게 한다. 그러나 그러한 기억이 내밀하게 한 소년의 머릿속에 자리 잡아 심연의 의식을 형성하고 감정을 생성해 내는 바탕이 되는 것을 인지하기는 쉽지 않은 일이다. 그러한 오래된 기억들이 각인되고 그 소년의 정서를 이루었음에도 세월의 시간은 그 기억마저 희미하게 만들어 그때의 감정이 살아나지 않는 시간이 온다는 것은 슬픈 일이다. 그 기억의 감정이 사라지기 전에 글로써 표현할 수 있다면 그나마 다행스런 일이 될 것이다. 의식은 있되 움직일 수 없는 대낮의 꿈속처럼 몽롱한 기억을 따라가는 나의 소년시절의 여정을 시작해 본다.

중부지방의 중소도시 R시를 방문하는 것은 여러 번이지만 어린 시절 잠깐 살았던 때를 기억해 낼 수 있었던 것은 이번이 처음이다. 이전 R시를 방문할 때는 바쁜 일정으로 과거가 거기에 묻혀있다는 의식 없이 지나치곤 했다. 이번에는 다소 여유를 가지고 인터넷으로 학회가 열리는 호텔을 찾아보니 예전에 살았던 동네를 한참 지나 새로 개발되는 혁신도시 지역에 위치했다. 학회 당일 아침 기차역에 내려 대기하던 호텔버스를 탔다. 버스가 중심가에서 빠지는 다리를 지나가고 있을 때 차창 밖에 어렴풋 익숙한 광경이 눈에 들어온다. 나의 기억은 재빠르게 50년이 넘은 시간을 거슬러 올라간다. 그 시간 속에 한 소년이 보인다.

요란한 굉음과 함께 높은 고도의 군용기가 삐라를 뿌리며 지나간다. 푸른 하늘에 반짝이며 날아다니는 삐라는 바람에 저 멀리 하류 쪽으로 멀어져 간다. 쫓아갈 수 없는 소년은 그 삐라가 저 아래 철교 너머로 사라질 때까지 바라본다. 소년은 다리 밑에서 열심히 송사리를 잡으려 개울가에 서 있는 참이다. 이전 다리 위에서 내려다볼 때 여울지며 지나가는 개울물의 흐름 속에서 피라미는 왜 그렇게 많고 커 보이는지 잡아 보려는 열망을 가슴속에 간직한 상태였다. 모처럼 모은 돈으로 유리 어항을 사서 그렇게 바라던 피라미를 잡을 기회를 갖게 되었다.

동네 큰아이들이 하는 것처럼 우선 물막이 돌을 쌓고 그 밑에 잔돌을 치워 모래 바닥에 안전하게 어항이 놓이게 한다. 어항의 앞 주둥이 쪽은 천으로 막고 물 흐르는 쪽을 향하게 한다. 뒤쪽 고기가 들어가는 입구는 깻묵을 발라 고기를 유인한다. 어항이 떠내려가지 않게 어항 양옆을 돌로 고여 준다. 어항을 놓고 돌아 나오기 전에 의식처럼 물을 한 번 뿌려준다. 모처럼 큰일을 하고 기다려야 한다. 어항을 놓은 지역은 접근금지이다. 큰아이들의 방해가 염려스럽지만은 다행하게도 아무도 없다.

개울가 한쪽 빨래터에서는 삶아 널어놓은 흰 광목들이 돌 위를 감싸고 따뜻한 오후를 만끽한다. 오전에 바삐 움직이던 빨래터의 부산함은 어느덧 오후의 적막감이 감돌고 지루하기까지 하다. 그 옆에 앉아 따뜻한 햇살을 받으며 소년은 어항 쪽을 응시하며 기다린다. 그리고 일어나 물속 어항 옆으로 들어간다. 어항을 놓은 돌담을 돌아 개울물들은 부지런하게 흘러내리고 아롱지는 물살에 다리를 조심스레 옮기는 소년은 먼발치에서 어항에 고기가 들어갔는지 살펴본다. 조금 더 기다리기로 하고 개울물이 흘러내리는 상류를 바라보며 물속에 서 있다. 저 멀리 말로만 듣고 가본 적 없는 높고 깊은 산이 구름 사이로 보이며 오후의 해가 황금빛 빛살을 산등성이부터 개울까지 길게 늘어지게 한다.

한참 뒤 들어 올리는 어항에서 물들이 빠지며 흩어져 내리고 번쩍이는 흰 빛의 요동질이 시작된다. 오늘 첫날인데 성공이다. 만족함을 표시하며 걸어 나오는 발길은 가볍기만 하다. 다리 위에서 노인이 무심하게 오랫동안 구경 아닌 구경을 하고 있다. 어쩌다 잡힌 피라미들은 냇가에 미리 만들어 놓은 웅덩이에서 놀게 한다. 저녁이 오기 전 소년은 웅덩이의 물꼬를 터서 잡은 고기를 놓아 주고 뿌듯한 마음으로 돌아간다. 서서히 땅거미가 지고 빗겨 드는 저녁 햇살에 냇가의 흐르는 물길은 반짝임을 더해간다. 멀리 상류 쪽 개울가에서 재건 대원의 구호 소리가 커지다 물소리 사이로 사라진다.

다리를 건너 온 버스는 오른편으로 돌아가고 잠시 후 내가 다녔던 초등학교를 지나간다. 초등학교에서 보면 시내 쪽으로 얼마 떨어지지 않은 곳에 개울이 흐르고 그 개울 위에는 커다란 다리가 놓여 있었다. 지금 막 버스가 건너온 다리다. 시내 쪽에서 부모가 가게를 하는 친구 집에 놀러 다니면서 다리를 지나다니곤 하였다. 시내 쪽 다리 입구에는 볼 것이 많았는데 주워 온 담배꽁초의 끝단에 남아 있는 연초를 모아 파는 노인의 모습도 그중에 하나다. 신문지에 수북하게 쌓아 놓은 연초 더미와 노인은 잘 어울렸다.

다리에서 또 하나 기이하고도 재미있는 일 하나는 상여가 나가는 것을 보는 일이었다. 지금은 볼 수 없지만 그때는 심심치 않게 시내 쪽에서 나와 다리를 건너는 상여를 많이 보았다. 상여들은 학교 앞을 거쳐 오리골을 지나 그 너머 어디에 공동묘지로 갔을 거라고 추측해 본다. 굳이 확인하는 일은 나의 기억을 혼란스럽게 할 뿐이다. 이때부터 일찍이 죽음에 대해 느꼈는지도 모른다. 온갖 붉은 깃발을 들고 지나가는 행렬 맨 앞에는 만장을 든 뚱뚱이 아저씨가 언제나 술에 취한 채 지나가고 있다. 지금 생각해보면 아저씨가 뚱뚱하게 된 이유도 막걸리나 술지게미를 많이 먹었기 때문이리라.

언제부터 그 뚱뚱이 아저씨가 보이지 않았다. 사람들이 수군거렸다. 나는 나름의 추측을 했다. 그도 마지막 상여와 함께 다리를 건너 아주 갔을 것이라고. 지나간 기억이 틀려도 좋다 어차피 그 세계는 존재하지 않는다. 그저 오래된 필름 사진처럼 기억에 남아 있을 것이고 그 기억 또한 구겨지고 변색되어 희미해지고 곧 소멸하게 될 것이리라.

어느덧 버스는 호텔에 도착했고 나의 기억의 시간도 끝이 났다. 나의 어린 시절은 초등학교 중반에 서울로 올라가며 끝이 난다. 서울의 기억은 별로 없다. 어느 정도 성장했고 서울 생활이란 것이 시골과는 사뭇 다른 영악한 세계 속에 존재했기 때문이다. 그러나 소년의 시골 정서는 고스란히 남아 지금의 내가 사유하고 글을 쓰는 원동력이 되고 있음을 부인하지 못한다.

저 하늘에도 슬픔이

세상의 모든 물질은 영원한 것이 없다. 아름다운 꽃이나 오래된 나무뿐만 아니라 경이로운 지구의 풍광이나 지형도 시간의 흐름에 따라 변해간다. 인간의 기억도 마찬가지이다. 그에 따른 감정도 희박해지고 종국에는 사라져 버린다. 하물며 어떤 일의 당사자가 아닌 입장에서는 그들과 동일한 기억과 감정을 가질 수 없다. 나는 조선시대의 삶이나 그 정서를 느낄 수 없다. 다만 추정할 뿐이다. 조선시대를 예로 든 것은 나의 시조가 온고지신의 정신으로 조선시대를 조명하기 때문이다. 그보다 더 내려와서 백 년 전의 한국의 실정도 문헌으로는 사실 그대로 그려볼 수 없다.

일본의 강점기시대를 생생하게 이야기해줄 사람들도

많지 않다. 최소 1930년대 초중반 정도는 되어야 하는데 그에 해당하는 나이가 80대에서 90대분들이다. 6.25전쟁도 마찬가지이다. 그 시절을 겪은 당시의 어린 사람들은 많지만 직접 전투에 참전한 이들은 최소 90대들이다. 조금 더 세월이 간다면 전쟁에 참전한 사람은 아무도 존재하지 않을 것이다.

영원할 것 같은 지금의 중요한 일들은 시간이 지나면서 바래진다. 한 개인에게서도 지나간 일들은 기억이 희박해지고 감정마저도 사라진다. 개인의 사생활에 대한 기억은 타인들에게는 기억되지 않는다. 결국 본인들과 함께 사라질 뿐이다. 다만 사회적으로나 역사적으로 기억해야 될 사건들만 기록으로 남기면 된다. 후일에 역사는 진실 유무에 관계없이 보는 관점이나 진술에 따라 다양한 해석이 된다. 때로는 오류와 의도적인 왜곡으로 그 실체에 도달하기 어렵다. 오래된 역사는 조상들의 문헌에 의존하지만 전부 진실된 것은 아닐 것이다. 근현대사는 가름하기 더 어렵다. 불행하게도 우리의 근대문물은 일제 강점기로부터 시작한다. 뒤늦게 개방이 되고 꽃 피우기 전에 침탈당해버려 일본인에 의해 기록된 모든 것은 검증이 필요하다. 그래서 사실 해석에 대한 오류로 논란이 많다.

바래진 어느 기억들은 우연하게 다시 찾아온다. 감귤을 재배하다 보면 매년 처리 못한 감귤은 따 내리게 된다. 여기서 따서 버린다는 표현을 하지 않는 것은 최소한의 안타까움이 반영된 표현이다. 다시 땅으로 돌아가 다음 해를 기약하는 바람이 있기 때문이다. 귤을 따서 내리면서 문득 생각나는 것이 있었다. 온전한 귤들을 문득 떠오르는 과거의 주인공에게 주면 밥 대신 먹을 수 없어도 잠시 주린 배를 채울 수는 있지 않았을까 하는 실없는 생각을 해본 것이다.

50년 이상 과거의 어느 날로 돌아간다. 뭉그러지고 못 쓰게 된 사과를 사 오는 주인공 어린아이에 대한 것이다. 끼니를 거르는 가족이 있고 어느 날 무능한 아버지는 돈 몇 푼을 주면서 과수원에 가서 상처 나거나 팔지 못하는 사과를 사 오라고 이야기한다. 영화의 한 장면이다. 아마도 사는 것이 아니라 얻어오는 것이었다고 생각한다. 그 사과로 가족의 주린 배를 채우려 하였다. 한 가난한 초등학생 아이의 일기 내용을 바탕으로 만든 영화 내용이다.

책을 읽었을 때보다 더 슬퍼진 기억이 있다. 실제 주인공인 이윤복의 일기가 『저 하늘에도 슬픔이』라는 제목의 책으로 출간되어 장안의 사람들을 울렸다. 그 후에 책과 동일한 제목으로 만들어진 영화를 본 것이다. 온정의 물결이 몰렸을 것이고 얼마 지나지 않아 속 빈 강정이 되었을 것이다. 그 뒤로 오랜 세월이 지난 후 우연하게 한 기사를 보게 되었다. 책과 영화의 실제 주인공인 그가 평생 고생만 하고 그다지 행복하지 않게 살다가 하늘나라로 갔다는 내용이었다. 벌써 20년 전쯤 일이다.

한 개인이 가난의 고리를 탈피하는 일은 어렵다는 생각이다. 지금 세대는 그 당시보다 돈을 벌 수 있는 기회가 많다. 국가가 커져 여러 가지 일들이 가능하기 때문이다. 그러나 뒷받침이 없는 개인은 여전히 돈 벌기가 어려운 것이 사실이다. 쉽게 재산을 모을 수는 없어도 그나마 모은 것을 하루아침에 잃기는 쉽다. 부단한 노력과 더불어 운도 따라야 원하는 바를 이룰 수 있다. 너무 큰 계획은 실패를 부른다.

단기간 내에 많은 재물을 가지려다 문제가 생기는 경우가 많다. 합리적으로 생각하기 어렵기 때문이다. 불과 얼마 전 사업에 실패한 젊은 가장이 부인과 아이를 차에 태우고 선착장으로 돌진했다. 직전에 얼마나 많은 고민을 하고 슬퍼했을까 하는 생각에 마음이 아프다. 당사자는 물론 아이와 아이 엄마가 무슨 죄가 있다고 그렇게 결정했는지 안타까움이 크다. 거저먹으며 잘사는 탐욕에 찬 인간들이 그득한데 말이다.

모든 면에서 성공하는 이들이 10%라면 실패하는 이들은 90%라고 본다. 실패한다고 패배자가 아니다. 단지 성공을 하지 못한 것이나. 슬프지 않은 삶을 살기 위해서는 되도록 최소를 유지할 수 있는 것을 기본으로 해야 한다. 아무리 벌어 보려고 발버둥 쳐도 어렵다는 것을 알아야 한다. 부는 의도한다고 이루는 것이 아니기 때문이다. 눈을 들어 저 푸르고 아름다운 하늘이 슬퍼 보이지 않게 하려면 나의 많은 욕심을 내려놓고 나만의 삶을 살아가는 것이 필요하다.

오늘의 세상은 점점 금전적으로 사람을 유혹하고 있다. 돈을 모을 수 없는 시대의 젊은이들은 쉽게 유혹에 빠지게 된다. 어쩌다 드물게 성공한 이들이 나오기 때문이다. 오래된 사람의 입장에서 이전의 삶을 이야기해 봐야 소용이 없다. 그들은 과거에 사는 것이 아니라 지금을 사는 것이고 앞으로 미래에 살게 될 것이다. 내가 100년 전의 삶을 알기나 하겠는가. 시대에 맞는 시대정신이 있을 뿐이다.

인생을 정리하며

한국 남자들의 평균 수명은 80세 정도이다. 좀 더 젊은 세대는 평균 수명의 나이가 조금씩 늘어날 것이다. 나의 세대는 조금 늘어나거나 그대로일 것이다. 그러나 내 나이 또래들이 온전하게 그 나이까지 가기가 쉽지 않다. 80세라는 것은 평균적으로 계산해서 나온 수치이다. 그러니 당장 내일 어찌 될지 알 수 없는 현실이다. 주변에서 본인상의 소식들이 자주 들려온다. 언제 내가 그렇게 될지 모르니 남의 일로 치부할 수 없다. 그저 아프지 않고 기력만 소진해서 간다면 얼마나 좋을지 상상한다. 친구들끼리 모여 떠들다가 이런 모임도 10년도 채 못할 것이라 서로 공감한다. 한숨을 쉬며 잠시 말들이 없다.

움직임이 자유로운 시간으로 계산한다면 10년 정도일 것이다. 10년이란 시간은 비교적 길 수도 있지만, 마지막을 앞둔다면 짧은 시간이다. 나의 시간은 젊은 시절엔 무한한 것처럼 느리게 흘러갔고 나이 들어서는 정신없이 빨라지고 있다. 빨라지는 시간에 대처할 방법은 없다. 흐르는 물이라면 둑을 쌓아 막아도 보겠지만 불가능하고 간절한 일도 아니다. 사실 막을 의지를 가지고 있는지 확실하지 않다. 지구에 태어난 모든 생명체는 누구 하나 빠짐없이 다가오는 세월을 막지 못하고 최후를 맞게 된다. 자연의 법칙이다.

대부분 사람들은 다가오는 시간들을 받아들이는 자세로 순응하고 준비한다. 그냥 잊어버리고 평상시와 같이 행동한다. 때로 사람들은 자신은 전혀 그 대상이 아닌 것처럼 젊음의 열정으로 행동하는 경우가 많다. 아예 인정하지 않는 것인지 의문이 들지만 그런 정열을 가지고 살아야 할 것 같다. 요즈음 마지막 순간까지 무엇을 해야 하는가를 생각할 때가 많다.

결국, 지금의 일을 정리해보고 필요한 일을 추가하여 세부계획을 세우고 우선순위를 정해 진행해야 한다고 결론을 내린다. 그런 생각에도 불구하고 해야 할 일들의 시간이 충분하지 않다. 은퇴 후 지금까지 경험으로 보면 아무래도 능률이 떨어지고 행동이 느려져 진전이 쉽지 않다는 이유에서다. 그러나 남은 시간은 아무도 모른다. 예상보다 길게 늘어날 수도 있으니 크게 걱정할 일이 아니라고 위로해 본다.

자신을 총체적 인생을 정리하는 방법으로 자서전을 만드는 사람들이 있다. 자신이 직접 쓰거나 구술만 하고 전문작가의 힘을 빌려 책을 만들어 배포한다. 스스로 정리는 되겠지만 읽어 줄 사람은 본인과 가족 그리고 지인 등 한정적이다. 작가들도 수필집이나 산문집 자서전을 통해 자신을 정리한다. 작가들이니 좀 더 구체적이고 자세한 기술이 가능하다. 그런 작업이 마지막 일은 아니다. 그 뒤에도 활동이 많겠지만 혹시 모르니 사전 정산하는 격이다.

학생시절에는 교수님들이 회갑이나 정년퇴직 때 논문집들을 만들어 개인 삶의 성과물로 간주하였다. 시간이 지나자 그런 일들은 어느 순간 사라져 버렸다. 논문이래서 비전공자들은 볼 사람이 없고 필요하면 인터넷에서 검색이 가능하니 무의미한 일이 되었다. 물론 읽어보라고 준 논문집이라기보다 만들어서 나누어주었다는 데 의미가 있었다고 본다. 어떤 형식으로 만들어 남긴다 하더라도 곧 사라져 버리고 만다. 다만 가족들과 후손들에게 일시적으로 의미가 있을 것이다.

세상을 살면서 내리는 결론은 어느 누구도 기억되지 않는다는 것이다. 떠나고 나면 자연스레 기억에서 사라진다. 개인의 삶을 굳이 기억되도록 할 필요가 있을까 생각한다. 무의미한 일이라기보다 어쩔 수 없이 잊히게 되는 과거의 일이 되기 때문이다. 한동안 주변 사람들의 기억에 머물러 있다가 시간이 지남에 따라 사라진다. 자신의 삶을 정리하여 회고하는 것도 좋지만 지나치게 나를 증명하는 일에 시간을 쓴다면 그 시간에 다른 일들을 못하게 되니 신중한 판단이 필요하다.

농사일을 하다가도 농사는 매년 반복되는 것인데 남은 시간 동안 나에게 큰 의미를 주는 것인가 의문을 갖는다. 큰 의미가 아니라는 것은 농사를 짓는 나의 행위가 다른 사람과 다르지 않거나 못하다는 생각이 들기 때문이다. 잡초는 제거해도 몇 주 지나면 도로 이전상태로 된다. 농사야말로 시간의 흔적이 남지 않는다. 단지 자연의 반복에 숟가락 하나 얹어놓을 뿐이다. 작물은 가만두어도 시간이 지나면 열매를 맺고 때가 되면 떨어진다. 농부는 단지 소출을 위해 작물이 원하지도 않는 숟가락질을 하는 것이다. 은퇴 후의 농사란 귀촌하여 작은 텃밭 가꾸는 것이 정답이다. 더 이상하면 대체로 무리한 일이 된다.

지금 나의 농사는 귀촌인지 귀농인지 구분하기 애매하다. 농사업계에서 귀농빚쟁이란 말만 유행하는 것을 보면 귀농하여 농사짓는 일은 밑 빠진 독에 물 붓기라는 것을 증명한다. 농사를 업으로 삼고 오랫동안 노하우를 쌓으면서 경험한 전문직 농부를 따라갈 수 없음은 자명하다. 애매한 초보농부인 나는 전업농부가 되기 위하여 농사를 짓는 것이 아닌데 농사일에 대부분의 시간을 보내고 있다. 일도 일이지만 일한 후에 창작을 위하여 생각하다 보면 피곤해져 계획을 세운 다른 일들을 못하게 된다.

한편 글을 쓰는 작가로서 창작하는 일의 목적도 다소 의구심이 든다. 창작하여 책을 낸다는 것도 자서전 쓰기의 일종이 아닌지 생각이 들 때가 있다. 어쩌면 책을 내기 위해 글을 쓴다고 할 수도 있기 때문이다. 창작물이 어느 정도 되어야 문인으로 체면치레한다고 무의식적으로 느끼고 있는지 모른다. 누가 뭐라고 하지도 않는데 해야 한다는 것은 스스로 만든 허상일 수도 있다. 이런저런 생각에 빠지면 아무것도 안 해도 된다는 결론에 도달한다. 그럼에도 불구하고 한편으로는 열 권 정도 창작집을 내고 마무리를 지어야겠다고 욕심도 내본다. 비록 팔리지 않고 절판되고 사라지는 책을 내는 일임에도 불구하고 무엇인지 모를 생각에 끌려간다.

세상에 많은 일들은 자신을 확인하기 위한 행동이 많다. 나의 존재를 알아주어야 살아있는 나를 느낄 수 있기 때문이다. 그것은 문학이나, 미술이나, 음악 등의 예술적 행동뿐만 아니라 모든 분야의 인간 행동들은 자기 존재의 확인반응을 의미한다. 누구 한 사람이라도 자신의 행위를 알아준다면 자신의 존재를 확인하고 안심하게 될 것이다. 아무도 몰라주어도 최소한 내가 나를 알아주면 자신의 일에 만족하게 될 것이다. 그런 의미에서 남은 시간에 자신이 하고 싶다고 느끼면 실행하는 것이 자연스러운 일이다. 타인이 나서서 좋다 나쁘다 판단할 일이 아니다. 단지 욕심내어 하려다 보면 성과를 거두지 못하고 떠나는 경우가 있으니 피해야 한다. 적당한 목표를 설정해야 부담감 없이 마지막 인생을 즐기게 될 것이다. 마지막 순간까지 자신을 탐구해보는 일은 누구도 막을 수 없는 가장 중요한 인생의 즐길거리이다.

죽어가는 것들

지금으로부터 45년 전 1977년 일이다. 나의 삶에서 45년 전은 어제와 같다. 어느 날 문득 지나온 시간에 한 사건을 회상해 볼 때마다 혼자 하는 말이 '어제 같은데 언제 이렇게 시간이 많이 흘렀지' 하는 느낌이다. 초등학교 정도 시절만이 조금 오래된 것으로 생각될 뿐 모든 것이 어제 일이다. 이런 현상에 대해 두 가지 원인으로 설명할 수 있다. 하나는 젊은 시절의 일은 오래 각인 된다는 것이고 두 번째는 반복되는 사회생활은 비슷하기도 하고 기억이 소실되면서 중간이 사라져 버려 그렇다는 것이다.

하나의 사건이란 다름 아닌 대학신문인 『연세춘추』에 캠퍼스에세이를 투고해서 실리게 된 일이다. 나의 대외적인 첫 수필인 셈이다. 그 원고의 스크랩이 남아 있어 읽어보니 지금의 부조리한 사회현상을 만들고 있는 죽어가는 것들이 오늘날 광범위하게 많아졌다는 것 이외에는 과거와 달라진 것이 없음을 알 수 있다. 다시 읽어 본 글에서 젊음이 느껴진다. 다음이 글의 내용이다.

R형! 그동안 오랜 헤어짐 속에서도 우리의 기억 속에는 서로의 한 부분이 간직되어 있으리라 믿고 있소. 항상 그렇듯이 이야깃거리라고 불릴 만한 것들은 주위에 가까이 오는가 싶더니 그만 어느새 지나가 버렸는지도 모르게 지나가는 것 같소. 그래서 항상 그것을 잡으려고 조심스럽고 진지한 마음으로 받아들일 태세를 갖추고 있소. 이미 R형은 모든 것에서 떠나 저쪽에 있으니 나의 이러한 소리는 하나의 공허한 울림이 될지 모르겠지만 형이 얼마나 삶에 대해 진지하게 살려고 노력했는지 잘 알고 있기 때문에 나의 이글도 꼭 형에게 전해지리라 믿고 있소. 그리고 그러한 형의 태도가 나의 가슴속에 남아 있어 항상 무엇인가를 이야기하고 있구려.

나는 아직 연관과 연관이 교차하는 한 점에 있소. 이것은 나의 출생과 더불어 주어지는 것으로 아마 한평생은 이 단계 속에서 자신을 느끼고 행동하고 그리고 새로운 연관을 가지고 살아가리라 믿고 있소. 그것이 어떤 것이든 하나의 형태를 가진 것임에는 틀림없는 것이오. 시간과 행사 그리고 정해진 결정에 따라 하나씩 하나씩 그것을 충족시켜 가고 있소. 그것은 정말 어쩔 수 없는 일이오. 단지 최선을 다하고 나의 성실로서 행하는 도리밖에 없지 않겠소. 또한 보다 긍정적으로 바라보고 부단히 움직이며 활동할 수 있는 여유감까지 가끔 느끼고 있소. 그러나 내가 컸다거나 만족한 상태가 아니라는 것을 더욱더 잘 알고 있는 것이오.

가끔가다 주위를 돌아보오. 그러면 너무나 많은 느껴지지 않는 수의 인간들이 있는 것이오. 그리고 그들이 해내는 짓거리란 어찌 보면 쉽게 그리고 잘되어 나가는 것 같단 말이오. 참으로 그것은 이상한 일이오. 그들은 참으로 아름다운 색깔을 그들의 삶에 칠하고 있는 것같이 보인단 말이오.

좀 더 자세히 보면 말이오. 그것은 죽어가고 있는 것이오. 그들이 색을 칠하면 칠할수록 점점 죽어가고 있는 것이오. 훌륭한 학문, 완벽한 가치관, 그리고 멋있는 연애와 사랑, 번듯한 지위, 훌륭하게 되리라 믿는 미래들로서 풍부하게 치장하고 있소. 그것들은 이런 것들에 주위의 조화를 바라고 있소. 하늘은 항상 맑기 바라며 땅은 풍만하고 탄탄하기를 원하고 길은 되도록 직선으로 이어지길 원하는 것 같소.

그러나 더욱 이상한 것은 죽어가는 것이 활발하게 움직이며 인정을 받고 어김없이 산 것하고 똑같이 여겨진다는 말씀이오. 아마 어떤 양극화가 해소되고 있나 보오.

R형! 내가 말이오. 형에게 보내는 이글이 과정이야 어떻든 바람직한 결론 -'그것은 이미 알고 있소'-을 내려야 한다는 것은 참으로 어려운 일이오. 이번만큼은 형에게 여태까지 보내진 그 바람직한 결론을 떠나 솔직한 나의 말을 할 작정이오. 그리고 그것으로 충분하다고 생각하오. 여태껏 형에게 보낸 모든 것들은

어찌 보면 지성의 냄새를 물씬 풍기는 듯 논리정연하고 도저히 피부로는 다 감지할 수 없는 매료적인 단어들로써 메워져 있었던 것 같소.

단지 지식을 죽음을 풍요함으로 위장하려 했고 고뇌하고 의식을 가진 인간들을 조금 닮으려 했을 뿐이오. 그러면 죽어가고 있는 것들에 대해 조금은 더 이야기해야 될 것 같소. 참으로 이상하게 죽어가고 있단 말이오. 그것들은 걸음걸이가 씩씩하고 기상도 드높소. 그렇게 모든 일에 대해 자신감을 가질 수 없소. 아마 그것은 개성과 자기 나름의 양식을 내세우기 때문인 것 같소. 자율과 창의라는 한마디로 모든 것을 회피하려는 그들의 선배 때문일 것이오.

또한, 엉뚱한 각도의 이해도 그 하나일 것이오. 그들은 그런 것에서 착각된 자극 속에 더욱 생기발랄한 것 같소. 무엇을 갖고자 하기 전에 이미 모든 것이 주어져 버리기 때문이오. 또한 그것들은 문제에 대해 이야기하려 들지 않소. 설사 한다 하더라도 결론은 미리 갖고 있소. 벌써 삶의 답을 알고 있는 사람들이오. 그래서 그것들은 치기의 언어를 좋아하고 재담가가 되기를 원하고 있소. 또한 각자가 내린 결론들이 부딪치지 않으려고 노력하는 것 같이 보이오. 왜냐하면 각자 가지고 있을 때는 단단하고 완벽한데 부딪치기만 하면 그만 깨져버려 조각조차 찾을 수 없기 때문이오. 그것을 두려워하고 있소.

그것들은 정말 살아 있는 것 같소. 그것들은 사랑도 연애도 하오. 너무나 잘 돼가고 있소. 당장이라도 최고의 행복을 얻는 것 같이 보이오. 그러나 그것들은 죽어가고 있는 것이오. 성실과 믿음이 없기 때문이오. 미리 가진 어떤 생각을 달성하고 나면 그만이오. 그리고 새로운 생각, 목표를 가지고 자신을 고결하고 아름답다고 생각하기 시작하는 것이오. 그러면 또 그렇게 되는 것이오. 이젠 그것들이 죽었다고 말할 수 없겠소. 그것들은 지식까지 가지고 있으니 말이오. 자신의 위치나 상황을 너무나 멋있게 설명하고 탄탄한 길에 대해서도 이야기하는 것이오. 때로는 웬만한 것은 자기보다 못한 것으로 보아버리고 준엄한 태도로서 타인을 꾸짖으며 멀리 떨어져 있을 것을 요구하고 있소. 또한 자신의 이해가 없는 곳에는 무한한 관용과 아량을 베푸는 듯하면서도 이해가 있는 것에는 치사할 정도로 되고 마는 것이오.

R형! 이렇게 죽어가고 있는 것에 대해 슬퍼하오. 이것은 커다란 독임에는 틀림없소. 그들은 아름다운 색에 도취되어 자신을 죽이고 있다는 것에 대해 알지 못하오. 아니, 그들은 그들이 바라는 모든 것을 자신의 인간성을 죽임으로써 보상받으려 하오. 그들은 어리석고 유치한 감정에 충실하거나 아니면 의식적인 행위를 하오. 사랑도 지식도 사명감마저도 그것이 가지는 의미를 알지 못한 채 자신을 꾸미는 장식품으로 생각하려 하오. 그들이 충실하고 유일한 목적이란, 원초적 욕구에 중독된 물질에 대한 것이오. 죽어가는 것들에 대해 할 수 있는 것이란 거의 없소. 이미 되어버린 인간에 대해서 기대를 갖는다는 것은 너무나 어렵고 힘드는 일이오.

구제되기에는 너무 깊은 상처인 것 같소. 아마 그렇게 살아갈 수밖에 없을지도 모르오. 허나 마지막 거는 기대가 있소. 아니 기대라기보다는 자신의 태도라고 하고 싶소. 그것들은 아직 완전히 죽지 않고 있소. 죽어가고 있을 따름이오. 그들이 칠하고 있는 색을 하나씩 벗겨내면 그들은 잃어버린 인간성을 찾을 수 있으리라 믿소. 그리고 새로운 생명력을 가지고 진정한 삶을 살아갈 것이오. 내가 할 수 있는 것이란 끊임없는 자아 성찰과 더불어 성실함과 진실로서 대하는 것이오. 오랜 시간이 걸릴 것이오. 그리고 좌절과 배반이 먼저 올지 모르겠으나 바로 그것이 진실된 삶을 진지하게 살아가는 태도가 아니겠소.

자랑스러운 대한민국

기억으로는 아득하게 먼 과거의 시절, 대학교 학창시절의 일이다. 매년 기독교단체에서 주관하는 국제 캠프 대회에 참여한 적이 있다. 주된 일은 우리나라 농촌에 가서 마을 일을 도와주는 것이었다. 당시는 지방 낙후 지역은 전기도 잘 들어오지 않을 때이고 교통여건도 그리 좋지 않았다. 사실 대부분 농촌 봉사는 지역민에 도움이 되는 것보다는 오히려 참여하는 젊은이들이 농촌에서 배우는 것이 더 많았다.

나의 입장에서는 미국과 유럽 등 여러 나라에서 참여한 젊은이들을 통해 해외 정보를 얻고 그들의 생각을 통하여 세상을 보는 눈을 확대할 수 있었다. 그리고 선진국에서 봉사 온 젊은이들의 자유로움과 문화적인 수준을 부러워했다. 그리고 그들처럼 해외 봉사를 자유롭게 나갈 수 있으면 좋겠다는 생각을 가졌다. 그때만 해도 지금처럼 자유롭게 해외여행을 할 수 없는 시절이었다. 국가가 외환이 많지 않았기에 여행을 통제하는 시대였다. 더욱이 우리는 개도국 상태라 해외봉사란 존재하기 힘든 일이었다.

그러나 모든 것이 가능해진 시기는 생각보다 빨리 왔다. 청년기를 지나고 중년기를 보내면서 해외여행이 자유로워지고 세월이 흐르는 동안 우리는 여러모로 부유해지고 강해졌다. 경제적으로도 그렇고 문화면에서도 전과는 비교할 수 없을 정도로 발전하면서 선진국 문턱에 도달하게 되었다. 그런 결과는 갑작스런 것이 아니라 과거로부터 누적된 성과가 축적되어 나타난 것이다.

일로 밤낮으로 매진하고 업무로 해외에 다니면서 점점 선진국과 우리의 격차가 줄어드는 것을 느낄 수 있었다. 젊은 시절에 가졌던 해외에 대한 부러운 생각이 사라진 것은 꽤나 오래 전 일이다. 우리도 해외봉사를 나갈 수 있고 그 규모도 커지고 분야도 다양해졌다. 요즈음 젊은이들은 해외를 여행하거나 봉사를 나간 경험을 바탕으로 우리나라가 자랑스러운 것을 인식하게 되고 그것을 다양하게 글과 개인방송으로 표출하고 있다.

지금은 누구나 세계 여러 나라를 두루 경험할 수 있고 그것을 기반으로 우리나라와 상대적 비교분석이 가능하기 때문이다.

더욱이 지금은 많은 외국인들이 한국을 여행하며 우리의 제도나 문화, 제품에 열광한다. 그리고 한국에서 살기를 원하기까지 한다. 불과 반세기도 안 되는 시간의 일이다. 우리 시대의 급격한 변화상을 한 몸으로 느끼고 있다.

2020년대는 코로나로 인하여 큰 위기를 맞고 있다. 상황은 나아질 줄 모르고 더 어려워지고 있다. 급변하는 불확실성 시대에 지금까지 쌓아 온 수준을 유지하고 더 발전하기 위한 묘책은 하나다. 우리 젊은이들이 주관을 확실히 하고 긍정마인드를 갖고 적극적으로 창의성을 발휘하여 일하는 것이다. 과거가 모방을 통한 발전이었다면 지금은 창의력으로 승부해야 발전할 수 있다. 열정은 기본이다. 과거에 그랬던 것처럼 젊은이들의 참신한 생각과 행동이 발전의 원동력이다. 코로나 이후 새로운 시대에 걸맞은 자랑스러운 대한민국을 만들 수 있는 좋은 기회가 도래하고 있다. 그동안 젊은이들에 대한 교육의 경험으로 충분히 가능하리라 확신한다.

한편 어느 순간부터 젊은이들이 우리 사회 구성원으로서 힘들이하기 시작하였다. 급격한 경제 발전 이후에 완만해진 경제 발전에 취업난이 쉽게 해결되지 않고 취업하더라도 치열한 경쟁사회에서 버텨나가기 어렵다는 것을 체험한 것이다. 나이든 이들은 정신력이 약화된 것이라고 진단하기도 한다. 그러나 젊은이들이 언제 어려운 시절을 살아 본 적이 있었던가.

적어도 나의 시절보다는 더 발전하고 부유한 시대를 살고 있지만 느끼지 못할 것이다. 나의 시절이란 초등학교 입학 때인 1961년 수출 일억 불에서부터 대학을 졸업한 1978년 동안 백억 불을 달성한 16년간의 교육을 받는 시기를 말한다. 지금의 30대 젊은이들은 최소 수백억 불의 수출시대에 태어난 것이다. 일억 불 수출시대는 농산물이나 경공업제품 가공하지 않은 원자재들이다. 빈국의 초기무역형태이다. 지금은 반도체 등 첨단제품을 수출하는 시대이다. 그러나 국가 규모는 커졌어도 상대적으로 개인은 그렇지 않다고 느낄 수 있다. 적어도 사회 전체적인 부를 가져온 것은 사실이다. 부유해질수록 부의 분배 문제나 노동의 문제가 커져 장시간 홍역을 겪었다. 아직도 개선이 필요한 부분이 있다.

환경이 달라진 세대보고 옛날을 이야기해 보아야 이해가 되지 않을 것이다. 나의 부모세대가 일제 강압시대를 이야기한다면 몸으로 느끼기 쉽지 않을 것이다. 단지 지식으로 이해될 뿐이다. 그래서 젊은이들에 대한 이해는 그들이 당면한 현실의 입장에서 보아야 한다. 노파심으로 젊은이들을 걱정하더라도 한편으로 안심이 되기도 하는데 그것은 그들의 성과를 볼 수 있기 때문이다.

어느 분야에서든 젊은이들의 활약이 두드러진다. 국제적인 성과도 많다. 올림픽에서 우리나라가 처음으로 딴 금메달 하나에 감격했던 것이 나의 세대이다. 지금은 한 명이 여러 개의 금메달을 따는 시대이다. 아마추어 스포츠는 물론이고 프로선수들도 활약이 대단하다. 스포츠 분야뿐만이 아니다. 학문 분야와 문학, 음악, 미술 분야에서 세계적인 명성의 젊은이들이 많다. 이들을 배출한 대한민국은 비관적이지 않다. 연평해전이나 연평도 포격에도 당당하게 맞서서 전투한 젊은이들을 생각하면 대한민국은 잘 지켜질 수 있다고 생각한다.

젊은이들에게 그들의 재능을 발휘하고 활동할 수 있는 분위기를 만들어주면 더 큰 성과를 낼 수 있을 것이다. 대한민국을 부정적인 늪으로 유도하는 이들은 개인의 정치적인 야망이 넘치는 사람들과 과거의 이념에 사로잡혀 헤어나지 못하는 일부 나이 든 퇴물들뿐이다. 나이 든 이들은 나의 고집이 젊은이들의 길을 막고 있지 않은지 살펴볼 때이다.

가짜와 진짜

오래전부터 가짜는 많이 존재해 왔다. 가짜의 대상은 황금에서부터 값나가는 물건 그 모든 것을 의미한다. 연금술사는 가짜 황금을 만들어 왕을 속인 사람들이다. 그러나 원래 연금술사들은 과학자이고 철학자들이었다. 화학을 발전시킨 공이 있다. 일부 연금술사들이 황금을 만들려고 노력하다 가짜를 만들어 왕의 신임을 받고 호의호식했다는 기록이 있다. 예언서처럼 가짜 문서를 만들어 사람을 남을 속인 사람들도 많다.

인간의 역사 중에 가짜의 출현은 문명의 발전 초기부터 존재해 왔을 것이라고 추정해 본다. 문자로 발전된 후에는 숫자를 속이는 일도 가능했을 것이다. 대규모로 모여 살면서 자연스럽게 생겨나서 없어지지 않고 인간의 몸속 깊숙하게 박혀있는 바이러스 같은 존재가 되었는지도 모른다. 가짜는 진짜와 더불어 공생한다.

현대는 새로운 가짜의 시대에 살고 있다고 보아도 무방하다. 컴퓨터의 발전으로 가상의 현실에서 활동이 가능한 시대이다. 현실과 상상이 결합되어 만들어진 증강현실이 존재하는 첨단시대이다. 인공지능을 겸비한 여성로봇과 남성로봇도 만들어지고 있다. 용도는 여러 가지이다. 인공지능로봇이 사람을 대신한다. 이미 여러 종류가 만들어져서 사회 곳곳에서 사용되고 있다. 가짜를 만들기 좋아하는 인간은 드디어 자신을 대신할 가짜를 만든 꼴이다. 물론 과학의 발전 결과이니 사실 가짜는 아니다.

기사를 쓰는 로봇이 있다. 예술을 하는 로봇도 나오고 있다. 시와 소설도 가능할 것이다. 그것들의 창작품은 진짜인가 가짜인가 토론이 필요하다. 로봇이 그린 그림이 소개된 적 있다. 경매에서 꽤 비싸게 팔렸다는 소식이다. 인공지능은 로봇에게 지식을 입력하고 자기학습을 시켜 공부를 시킨다. 시간이 갈수록 실력이 늘어 인간의 수준을 뛰어넘고 있다.

때때로 비싼 값에 팔리는 화가들의 작품에는 위작이 많다. 가짜가 많다는 이야기다. 영화 「인사동스캔들」이 그런 주제를 다룬 것이다. 한국의 유명대가들은 위작에 시달린다. 앞으로는 작품마다 위조지폐 방지라인같이 보이지 않는 데다 표시를 하거나 특수 장치가 필요하다. 가짜 그림은 위작에 해당한다. 그림 연습을 위해서 보고 그리는 연습을 해본다면 똑같이 그려도 문제가 될 것이 없다. 원작자의 사인을 하지 않고 본인의 사인을 할 것이기 때문이다.

비슷한 예로 의도적으로 위조지폐를 만들어 시중에서 사용을 한다면 문제가 될 것이다. 위조지폐는 만든 사람이 주로 사용하다 발각이 된다. 돈을 받는 사람이 어느 정도 판별이 가능하기 때문이다. 매일 지폐를 만지고 있으니 감이 있는 것이다.

문제는 그림이다. 잘 그린 위작을 판별하기 어렵다. 그림을 위작하는 이들도 어느 정도 그림에 소질이 있기 때문이다. 오래된 그림들은 위작이 많다. 작가들이 살아있지 않고 관련자들도 없기 때문이다. 가짜 여부를 놓고 전문가들 사이에 갑론을박이 벌어진다. 그만큼 판단하기 어려운 정교한 위작을 만든다. 위작이 많은 이유는 금전으로 교환이 쉽기 때문이다. 위조지폐를 만드는 것보다 훨씬 고부가 수익이 되기 때문이다. 위작이 출현할 때마다 많은 전문가들이 동원되어 진위 여부를 가리는데 일치된 결론을 내리기 어렵다.

천경자 화백의 그림은 아름답다. 그림의 색채감이 뛰어나다. 여러 인물화에 대한 그림들은 신비한 느낌이 든다. 그림 속 인물에서 살아있는 영혼이 느껴진다. 언제부터 세칭 미인도가 문제가 되었다. 국립현대미술관이 어쩌다 이관을 받아 소장한 그림 중에 천경자 화가의 그림이라고 하는 소위 미인도가 들어 있었다. 그 뒤에 천경자 화가가 자기 그림이 아님을 밝혔다. 그러나 미술전문 관계자들이 진짜라고 판정을 내리는 바람에 문제가 복잡해졌다. 이것은 검찰까지 간 사건이다. 이우환 화가는 가짜로 판정 난 그림을 자신이 그렸다고 말했다. 심각한 문제는 작가가 아니라 하는데 전문가들이 모여 자신들의 판단이 옳다고 한다는 것이다. 상식에 맞는지 고개가 갸우뚱거려진다.

자기 그림의 최고의 전문가는 그림을 그린 본인일 수밖에 없다. 나의 능력으로는 판단이 불가하지만, 심증은 충분하게 느껴진다. 참으로 희한한 세상이다. 이제 네 것이 내 것으로 둔갑이 가능한 세상이 되고 있지 않은지 두려움을 갖게 된다. 너는 누구라고 하면 내가 누군가 된다면 나는 어디 가서 나를 찾을 수 있는지 알 수 없다. 세상은 관계로 이루어지기 때문에 주위의 사람들의 영향력이 크다.

인우보증이란 제도가 있는데 출생 여부를 주위 사람들이 그렇다고 인정해주면 공식적으로 인정이 되는 제도이다. 이런 종류의 제도운영에서 주위 사람들이나 전문가의 판정이 고의든 실수든 오류를 범하게 된다면 없던 사람이 있게 되고 하지도 않은 일들이 한 것처럼 인정이 되어버린다.

우리 사회에서 가짜들에 대한 부정적인 사례들이 많다. 최근 들어 미술품뿐만 아니라 우리 사회 전반적으로 사람조차 진짜와 가짜를 판단해야 하는 일이 많아지고 있다. 그 이유는 진짜와 가짜가 일반 사람들의 건전한 상식으로 구분하기 어려운 점이 있기 때문이다. 그래서 공신력 있는 공적 기관이 처리해주기를 바라는데 그 기관에도 진짜와 가짜가 많으니 난감할 뿐이다. 갑자기 신신애 가수의 「세상은 요지경」이란 노래가 생각난다. "세상은 요지경 여기도 짜가 저기도 짜가 짜가가 판친다."

결국 해결책은 잘 공부시킨 인공지능에게 진짜와 가짜를 판단하라고 맡기는 수밖에 없다. 잘되면 법 만드는 일이나 재판을 하는 일, 교육을 시키는 일, 역사를 해석하는 일을 시켜 효율성을 기하는 것이 최선이다. 그동안 뭔지 모르고 그 일을 담당했던 사람들에게는 훈장 하나씩 주고 집에서 쉬게 하면 좋겠다. 눈을 지그시 감고 그렇게 되는 세상을 상상해 본다. 생각해 보는 것으로도 흐뭇해져 미소가 절로 나온다.

2

우리의 노래

사람은 모두가 독립된 개체로 자신의 의지를 가지고 있다. 불편한 관계를 만들지 않으려면 독립적 의지를 가진 내가 중요하다. 독립적인 나는 상대방과 대등하고 유연한 관계를 형성할 수 있다. 이 점이 관계의 기본이다.

남녀의 사랑

사랑한다는 만큼 광범위한 범위를 가지고 있는 단어는 없다. 여러 가지 사랑이 있지만 남녀의 사랑만큼 특별난 것은 없다. 사랑에 관한 많은 이야기들은 남녀의 사랑에 대한 것이다. 이 사랑에 문제가 많이 발생하고 있다. 예전의 애틋하고 아름답게 묘사되던 사랑들이 좀 더 직설적으로 변하고 있다.

아날로그식의 낭만적인 사랑은 사라지고 디지털화된 사랑이 주류를 이룬다. 남녀의 사랑은 좋아함이나 이끌림이다. 처음 만나서 서로 끌리게 되고 좋은 감정이 쌓이면 사랑하는 관계라고 말한다. 이러한 감정을 바탕으로 서로 결혼해서 살게 되는 것이 보통의 절차였다. 사랑이나 결혼이 지금 이야기하듯 온전한 과정을 걸쳐 이루어진 것은 의외로 오래되지 않는다.

연애의 개념이 나온 것이 서양에서 17, 8세기라니 놀랍다. 우리나라에서도 조선시대에는 얼굴도 제대로 보지 못하고 부모가 정해주는 대로 혼사가 이루어지는 것이 보통이었다. 사랑이 존재했는지 의심스럽다. 신개념의 연애결혼은 1900년대로 들어오면서 시작된 것으로 생각한다. 연애의 세계사나 우리나라 연애 역사를 이야기하기는 어렵다. 단지 우리가 생각하는 시기보다는 최근의 일이라는 것을 알 필요가 있다.

현대의 남녀 간의 사랑에 대한 일반적인 생각은 주로 영화를 보거나 소설을 읽거나 하는 간접경험을 통해서이다. 사랑에 관한 시도 빼놓을 수 없다. 대부분 우리가 인식하는 사랑은 이루기 어려운 시련 등으로 가득 차고 간절해서 눈물겹다. 이를 극복하고 맺어지는 사랑은 결혼으로 해피엔딩이다. 화면이나 소설에서 흔히 보는 이야기들이다. 슬프게 이별로 끝나는 경우도 있다.

그러나 우리가 생각하는 사랑은 많은 예술가들이 만들어 놓은 허상에 불과하다. 소설가, 미술가, 음악가, 시인, 연극 대본 작가 등 감수성이 예민한 사람들의 작품들이다. 나중에는 영화나 텔레비전 드라마 작가들도 아름다운 사랑 만들기에 동참한다. 사랑에 관한 소설과 영화 그리고 드라마들의 대부분 결말은 결혼이다. 행복스러운 종결이다. 그러나 현실은 그 반대라는 것을 막장드라마가 사실적으로 보여준다.

남녀의 사랑은 무엇인지 과학적으로 설명해줄 수 있는 사람은 많지 않을 것이다. 그러나 대부분의 사람들은 자기 나름대로 남녀의 사랑을 구체적으로 말할 수 있다. 자신의 경험을 바탕으로 느끼는 생각을 충분하게 표현할 수 있을 것이다.

사랑이란 말은 뜻이 광범위하다. 특히 남녀의 사랑만을 가지고 설명해도 여러 의미를 지닌다. 예를 들어 하룻밤 첫사랑이나 물레방앗간의 사랑은 서로의 관계를 의미한다. 요즈음 보다 직설적인 표현으로 섹스라는 영어표현을 하지만 예전에는 관계라는 용어를 많이 사용하였다. 그러니까 관계도 사랑의 다른 말이다. 사실 남녀의 사랑에서 관계가 없다면 그것은 완성된 사랑이 아니다. 젊은 남녀 사이의 사랑의 기본은 관계이다. 물론 사전에 끌림이 있어야 한다. 호감과 매력 그리고 친밀감이 그것이다. 사랑을 위한 생물학적 본능이 작동하기 때문이다. 그러한 결과로 결혼이라는 것을 하게 된다.

과거로부터 사랑이란 말은 지나치게 미화되어 있다. 종교적 사랑이나 우정까지도 사랑을 의미하기 때문에 사람들이 남녀의 사랑과 혼동하게 된다. 그 혼동의 결과가 오늘 남녀 사이에서 많은 문제를 일으키고 있다. 사랑의 정의가 단순하고 명료하게 설명된다면 남녀의 인간관계가 좀 더 명확하게 될 것이다.

생물학에서 사랑의 실체는 짝짓기이다. 자손을 남기려는 본능에서 비롯된 거부할 수 없는 행위이다. 단지 인간을 제외한 모든 생명체들은 본능적으로 짝짓기에 심혈을 기울인다. 수컷들은 자신이 건강한 후손을 남길 수 있다고 자기과시를 한다. 그래야 짝짓기가 되는 것이다. 동물의 짝짓기는 대개 짧은 시간이다. 짝짓기가 끝난 후에는 대부분 각자의 하나로 돌아간다. 다만 종족 번식을 위해 필요한 시간만큼 같이한다.

우리 인간의 짝짓기방법은 좀 복잡하다. 문화를 가지고 있기에 시대마다 다른 모습으로 나타난다. 그렇다 하더라도 짝짓기의 원천적 기본은 벗어날 수 없다. 사랑의 콩깍지라든지 뭐가 잠시 씌워졌다는 말은 짝짓기를 위한 준비단계이다. 그런 감정을 들떠있는 상태라고 말한다. 인간의 짝짓기 사랑의 감정은 삼 년 정도로 유지된다. 그 뒤에는 안정감이나 편안함 그리고 익숙함 등으로 형태가 바뀐다. 그 시간 안에 짝짓기가 일어나서 아이를 출생하고 양육하게 된다.

사랑의 본질을 알고 나면 그렇게 아름답거나 추한 것도 아니다. 사랑이란 번식을 위한 진화된 뇌의 화학작용의 일부이다. 동물의 세계와 마찬가지로 자신의 DNA를 후대를 남기려는 남자와 안정적으로 아이를 출생하여 키우려는 여자의 판단이 중요하게 작용한다. 인간들의 사랑의 방식도 이를 기본으로 하여 구성된다.

남녀 간의 사랑은 희생이 아니다. 누구나 자신의 행복을 위해 사랑한다. 일차적으로는 본능에 의해 끌리더라도 그 심리적인 측면은 자신을 위함이다. 이러한 사실을 너무나 잘 알게 된 지금 사랑하는 일 자체가 쉽지 않은 시대가 되었다. 사회가 발전할수록 본능적인 감정보다는 손익을 따지는 자본적 계산이 강하게 작동한다. 결과적으로 남녀가 사귀지 않는 경우도 흔하고 혼자서 살아가는 일도 많다. 굳이 한국 사회의 복잡한 문제를 원인으로 들 필요가 없다. 자신을 위해서 혼자 살아도 좋은 환경이 조성되었기 때문이다.

자신의 일에서 보람을 얻으며 혼자 사는 방식이 우선하는 시대가 되었다고 생각한다. 어쩌다 시작한 사랑이 짧은 시간 안에 깨지는 경우는 서로 사랑에 대한 인식과 태도가 다르기 때문이다. 그중 하나가 사랑하는 순간부터 너와 내가 구분이 없다고 생각하는 것이다. 그러나 가까워질 수는 있어도 선을 허무는 순간 그 사랑은 모두에게 부담이 된다. 인간은 항상 독립적으로 존재하는 하나이다. 사랑한다고 둘이 모여 하나가 되지 않는다. 각자가 선을 유지하는 것이 사랑의 성공에 중요하다. 사랑에 성공한다는 것은 아이를 낳고 키우는 것이 가능함을 말하는 것이다.

결혼에 대한 소고

오늘날 우리 사회는 이전에 경험하지 못한 남녀 사이의 문제에 봉착하고 있다. 결혼을 하지 않는 사회, 결혼의 나이가 늦어지는 사회, 아이를 낳지 않는 사회, 이혼이 증가하는 사회, 심지어 황혼이혼도 증가하는 사회를 맞이하고 있다. 더욱이 섹스리스 부부가 많아진다는 진단도 나오고 있다. 결혼을 하지 않는 사회는 연애도 활발하지 않다. 그 이유는 무엇인가. 사랑이라는 개념을 모호하게 이해하고 있기 때문이다. 잘못 이해했다기보다 나이든 이들이 너무 두루뭉술하게 가르쳐주었기 때문에 그렇다고 생각한다.

사회문화적 관습으로 남녀는 당연하게 결혼하는 것으로 생각했던 때가 엊그제이다. 그러나 결혼에 대한 오해는 의외로 결혼 전문 상담사, 심리상담사, 이혼 전문변호사, 성교육전문가들에게서 비롯된다는 점이 있다. 그들은 결혼의 속성을 잘 알고 상담하고 조언하지만, 결혼의 본질적인 문제점에 대해 이야기를 해주지 않는 것 같다. 아마도 사회 유지 차원에서 본질적인 측면보다는 바람직한 말만 해야 하는 것이 우선할 수 있기 때문이다.

결혼생활에 대한 오해를 주는 것은 주례선생도 한몫을 한다. 과거의 주례사에서 흔히 말하는 부부는 일심동체라는 말은 지금의 입장에서 보면 황당하다. 여러 가지 견강부회 격으로 일심과 동체를 설명하던 시대는 지나갔다. 일심도 불가하고 동체도 안 된다. 오해는 여기서부터 시작된다. 부부싸움을 칼로 물 베기라고 하는 것도 잘못된 것이다. 대부분 부부싸움 후 회복 불가능한 내상을 입게 된다. 한편 주례사에서 이혼을 언급하면서 잘 지내라는 이야기를 하는 경우도 있으니 세태가 변한 것은 틀림없다.

최근의 몇 년 통계를 보면 결혼한 커플의 30% 이상 이런저런 이유로 이혼하고 원점으로 돌아온다. 하나 더하기 하나는 둘이 되어야 하는데 둘이 되기는커녕 하나 반이나 하나가 되어 둘로 나누어 보면 본래 있던 하나만도 못해지기 때문이다. 계산상으로 맞지 않으니 모두가 불만인 상태로 헤어지게 된다. 주위에 조기 이혼사례를 보면서 결혼을 하지 않는 젊은이들이 늘고 있다. 여간해서 결혼의 결과가 둘이 되기 어렵다. 또 하나의 주요 원인 중 하나는 취업과 경제적인 문제도 크다. 아이의 출산과 양육의 문제에 많은 돈이 들어 젊은이들의 고민들이 많다.

결혼이란 것을 사랑과 분리하여 따로 생각해 보면 답이 나올 수 있다. 어떤 형태이든 성인 두 남녀가 모여서 공동생활을 한다면 불편한 점이 많을 것이다. 관습과 문화와 생각이 다르다는 것이 시간이 가면서 나타날 것이다. 처음에는 조정을 위한 노력도 해보겠지만 같이하는 시간이 길수록 불가능한 경우도 많을 것이다. 그리고 결국 각자 살기를 원하는 결론에 도달할 수도 있다.

이럴 때는 어떻게 해야 하는지 진지하게 생각해 볼 필요가 있다. 더욱이 아이가 있다면 어떤 해결책이 필요한지 실질적인 대안이 모색되어야 한다. 결혼생활은 연애 시절의 사랑이라는 것을 접고 생각해야 갈등이 적다. 모든 것을 사랑하기 때문에 결혼했으니 사랑할 때와 같은 감정과 태도가 계속 유지되어야 한다는 당위적 생각이 혼동을 가져온다. 결혼 후 생활하다 보면 자신들도 모르게 들뜬 상태의 열정이 식고 안정한 상태의 감정으로 돌아온다. 이때쯤 공동생활의 불편함이 나타나기 시작한다.

대부분의 결혼에 관련된 법들은 쉽게 헤어지지 못하는 형태의 법이다. 과연 이런 법을 가지고 결혼을 하지 않으려는 젊은

이들을 설득할 수 있는가 하는 문제이다. 국가의 해법은 남녀의 사랑 문제에 대한 개입이 아니라 젊은이들이 결혼해서 아이를 낳고 잘 살 수 있는 법 제도를 만들어 모두를 만족하게 하는 것이다. 인구절벽은 시작되었고 그 대안으로 이민을 받아들이면 된다는 방식으로는 너무 안이한 대책이다. 단일민족도 아니지만, 다민족국가도 아닌 것을 생각하면 앞일이 아득하다. 대한민국의 정체성을 유지하고 문화 예술 전통을 지켜내려면 인구를 유지해야 가능하다. 나라를 지키는 일도 문제가 된다. 인구가 많은 주변 나라들이 벌이는 행태를 보면 안보 상황이 너무 심각하다.

이미 2000년대 들어 남녀의 문제나 성과 결혼 등 매스컴에서도 몇 번 다루어진 적이 있다. 그런 프로 중에는 결혼제도가 시대에 적합한가 하는 것과 그 대안은 무엇인가 하는 내용의 방송이었다. 관심이 있는 제도는 이미 외국에서 시험 되고 검증된 프랑스의 동거제도이다. 결혼제도와 유사하지만 동거를 법적으로 보장한다는 데 있다. 또한, 쉽게 헤어질 수 있도록 만든 법이다. 결과적으로 보면 아이들 출산이 많아지고 인구 감소 현상이 중단되는 사회로 접어들었다는 결과를 주시해야 한다.

동방예의지국에서 어떻게 동거를 결혼으로 인정하느냐고 반문한다면 다른 해결책은 무엇인가 묻고 싶다. 이미 틀어진 상태를 유지시키려다 각종 폭력이 난무하고 목숨까지 빼앗는 위해를 가한 사례들이 속출하고 있다. 감정의 골이 파헤쳐질 때까지 지켜보다가 물리적인 충돌이 있고 난 후에 마지못해 허락해 주는 제도운영으로는 오늘의 문제를 해결할 수 없다. 국가가 허락한다는 자체도 우스운 일이다. 동거제도는 쉽게 헤어질 수 있기 때문에 서로 조심해서 오히려 결별이 줄어들었다는 결과도 있다. 그리고 이 제도에 만족하는 이들이 많다는 것이니 고려해 볼 사항이다.

쉽게 사랑하고 쉽게 결혼하고 쉽게 헤어진다고 바람직하지 않다고 말하기 어렵다. 모든 일들은 시대와 사회변화에 따라 생각과 행동양식이 바뀌기 때문이다. 단지 낯설은 것이기에 받아들이기 어려울 뿐이다.

오만가지 사랑의 단상

사랑만큼 그 의미가 복잡하고 광범위한 단어는 없다고 생각한다. 도대체 사랑이란 무엇인지 정확하게 단어의 뜻을 기술할 수 있는지 의심스럽다. 우선 네이버사전을 조사해보면 세 가지 의미를 가진다. 첫째가 어떤 사람이나 존재를 몹시 아끼고 귀중히 여기는 마음 또는 그런 일. 두 번째가 어떤 사물이나 대상을 아끼고 소중히 여기거나 즐기는 마음 또는 그런 일. 세 번째가 남을 이해하고 돕는 마음 또는 그런 일 등으로 되어 있다. 참고로 네이버 국어사전은 우리나라 국립국어원의 『표준국어대사전』과 고려대 『한국어대사전』을 기본으로 정보를 제공하고 있으니 더 이상의 다른 뜻은 없을 듯하다.

첫 번째 의미의 사랑은 어떤 사람에 대한 마음이며 두 번째 사랑의 의미는 사물에 대한 마음이고 세 번째 의미의 사랑은 특정 대상이 아니라 다수의 사람에 대한 이해와 도움을 의미한다. 사랑을 위의 세 가지 간단명료한 정의를 가지고 풀어보면 흥미롭다. 우선 뒤에서부터 시작해서 검토해 본다.

세 번째 사랑의 정의는 남을 이해하고 돕는 마음으로 주변에서 많이 볼 수 있는 사랑이다. 흔히 종교인들이 표현하는 사랑이다. 여러모로 도움이 필요한 사람들에 대한 지원 의지의 표현이다. 종교의 지도자들이 신도를 향해 "사랑합니다"라고 말하는 것은 여러분을 충분히 이해하고 어려운 부분도 알고 있으니 물심양면으로 봉사하겠다는 말로 해석하면 될 것이다. 물론 정치가들도 사용하는 말이니 잘 듣고 기억했다가 그 이행 여부를 지켜보면 될 것이다. 다만 사랑의 대상이 크다 보니 그냥 인사로 하는 말이 될 수도 있다. 사적인 모임이나 조직 등에서 사용한다면 구성원 자체를 좋아한다는 말로 해석될 것이다. 당연히 듣는 이들은 인사치레 이상으로 생각하지 않을 것이다.

두 번째 사랑의 정의는 독특하게 사물에 대한 사랑이다. 사물이나 대상을 사랑할 수 있는가 하고 의구심도 들겠지만 충분히 가능하다. 자연을 사랑한다고 보면 자연 자체에 대한 포괄적 개념의 대상도 되지만 평원, 산, 강, 바다 등 구체적인 각각의 대상도 가능하다. 또한 물건에 대한 사랑으로도 볼 수 있다.

사람들이 사용하는 모든 물품들이 대상이 될 수 있다. 종류에 관계없이 명품브랜드에 대한 사랑이 있을 수 있다. 이 경우는 브랜드이미지와 물품을 함께 사랑한다고 할 수 있다. 다른 말로 표현하면 소유욕으로 볼 수 있다. 늘 사용하는 오래된 물품이나 사연이 깃들어 있는 물품 등은 충분히 사랑을 할 수 있는 대상이다. 그러한 사랑은 애착으로 볼 수 있다. 사물에 대한 사랑은 앞으로 더 확대되고 발전할 가능성이 높다.

예를 들면 인공지능 로봇이다. 인공지능을 장착한 로봇이 단순히 사물인가 하는 문제는 앞으로 많은 논란이 될 것이다. 말도 하고 표정도 있으며 사람의 말을 알아듣고 감정표현을 하게 된다면 그건 단순한 장난감 로봇 하고는 크게 다를 것이다. 이미 오래전부터 간단한 수준의 지능로봇 강아지가 노인들의 말벗으로 사용되고 있는 시대이다. 앞으로 높은 지능을 가지고 말도 하면서 사람과 같이 행동을 하고 인간과 똑같은 모습의 로봇이라면 그 대상은 사람의 대접을 받을 수 있는지 많이 생각해 봐야 한다.

첫 번째 사랑의 의미는 사람과 존재에 대한 두 가지 종류의 사랑이다. 즉 사람이나 존재를 몹시 아끼고 귀중히 여기는 마음의 사랑이다. 우선 존재라고 말하는 것은 사전적 의미에서 사람과 사람 이외의 생명체에 대한 사랑을 의미하는 것이다. 예를 들면 요즈음 많이들 키우고 있는 반려견이나 반려묘 등에 대한 사랑이 해당할 것이다. 반려동물의 주인들은 사람 이상으로 정성을 들이고 반려동물을 위해 비용을 지불하는 것을 볼 수 있다. 또한 버려진 반려동물들을 데려다가 키우며 자신의 인생을 바치는 사람들도 많으니 그 마음을 헤아려 볼 만하다.

또 하나의 의미는 사람에 대해 몹시 아끼고 귀중히 여기는 마음을 의미하는 사랑이다. 혈연지간의 사랑이 여기에 해당한다. 부모와 자식 간의 관계와 친족 관계이다. 이때 의미하는 사랑은 무한적이라 할 수 있다. 자신의 희생도 기꺼이 감수할 수 있는 사랑이다. 다음으로는 친구끼리 우정이나 이웃의 사랑을 들 수 있다. 작은 공동체 집단에서의 끈끈한 연대도 포함된다고 할 수 있다. 인간끼리 사랑은 여러 가지 단어로 표현된다. 우정이나 친밀감 좋아함 등이다. 굳이 성별의 구분이 필요 없는 영역이다.

마지막 하나 사람에 대한 사랑으로서 중요한 것은 남녀의 사랑이다. 남녀 간의 사랑은 독특하고 앞서 언급한 사랑과는 아주 다르다. 대상과 종류가 아주 다른 마음을 사랑이라는 같은 단어를 사용한다는 것은 21세기 첨단 과학의 시대에 뒤떨어진 감이 있다. 그리고 자주 혼동이 온다. 남녀의 사랑은 고려대학교 『한국어대사전』의 의미가 더 좋을 듯하다. '다른 사람을 애틋하게 그리워하고 열렬히 좋아하는 마음 또는 그런 관계나 사람'의 의미이다. 남녀의 사랑을 제외한 다른 사랑들은 직선적이고 비교적 단순하다. 그리고 장기적이다. 결혼해서 사는 것을 포함한다면 남녀의 사랑이 더 장기적일 수도 있다. 그러나 어느 면에서는 전혀 아닐 수 있다. 남녀의 진정한 사랑의 기간은 연애 기간인 경우가 많다. 결혼은 그 결과로써 나타나는 공동생활이다.

남녀의 사랑만큼 다층적이고 복잡한 사랑은 없다. 남녀의 사랑에는 그 부정적 증세가 많다. 사랑의 독점과 질투, 애증, 반목, 소멸 등이 따라다닌다. 상대적으로 모든 사람들에 대한 사랑과 사물에 대한 사랑 그리고 존재에 대한 사랑 등 세 가지와 부모 자식과 친족 간의 사랑은 부작용이 덜하다. 마지막으로 언급한 남녀의 사랑은 복잡하여 같이 비교하기 어렵다. 사랑에 대한 해석과 방법이 시대와 사람에 따라 모두 다르기 때문이다. 세대 간에 해석도 차이가 난다. 이제는 각 종류의 사랑이라고 말하는 단어를 구분하여 사용할 수 있는 새로운 개념의 언어가 필요한 시대이다.

관계의 미학

세상의 모든 문제는 인간과의 관계에서 생겨난다. 좀 더 보자면 우리의 삶은 인간관계의 전부라고 말할 수 있다. 인간관계가 없이는 살아갈 수 없다. 크게 보자면 사람들이 만들어온 사회는 일의 분업화가 제일 중요한 기능을 한다. 수렵채취시대를 지나 농사를 짓기 시작하고 모여 살면서 점차적으로 분업화하기 시작했다. 이러한 과정을 통해 지배층과 피지배층 그리고 각종 직업이 생겨났다. 모여서 생활하고 협동을 바탕으로 생존해 온 인간들은 사회적 관계가 아주 중요했다.

오늘날 세상은 너무 커지고 일이 세부적으로 분업화되어 개인들은 국가나 사회의 관계를 의식하지 못하고 살아간다. 국가나 사회적인 관계가 문제가 생기면 큰

파장을 가져온다. 최종적으로 각 개인의 삶에 영향을 미치게 된다. 그러나 보통은 국가나 사회적인 관계를 느끼기는 어렵다. 사람들은 개인 간의 관계를 더 중요시한다. 안정된 사회에서는 개인 간의 관계설정이 잘못되면 살아가는데 우선적으로 불편함이 많다.

우리나라 사람들의 관계는 수직적인 관계가 컸다. 지금은 시대가 바뀌어 수직적인 관계에서 수평적인 관계로 옮겨가는 과정인데 곳곳에서 갈등이 많다. 부모와 자식과 형제간 친족 간의 관계에서도 문제가 많이 발생한다. 그리고 학교나 직장 등 사회적 조직 속에서 관계설정에 따른 문제가 많다. 많은 이들이 다양한 조직의 사람들과 관계설정에 대해 어려워한다. 그래서 왕따가 나와서 사회문제가 된다. 관계를 피하기 위하여 스스로 고립되는 경우도 많다.

관계설정이 사람마다 차이가 크기 때문에 갈등이 커지고 분쟁이 일어난다. 남녀 사이의 문제도 마찬가지다. 잘 사귀다가도 다툼이 일어나고 헤어지자고 하는 데 배신감을 느껴 보복하거나 더 이상의 불행한 사태로 발전한다. 관계설정에 문제가 있는 것이다. 문제 해결에 뾰족한 정답이 있는 것이 아니다. 사회적으로 개인들의 생각을 수렴하고 조정하는 것이 최선이다.

우리나라 사람들의 특징은 관계의 설정이 복잡하고 애매하다는 것이다. 서로 관계에 있어 개인 영역이 겹치는 것을 당연시

하고 그것을 친밀한 관계라고 생각한다. 나이가 많은 사람들일수록 그런 생각이 강하다. 그래서 분쟁이 많다. 이웃 일본사람들은 이 관계가 우리보다 명확하다. 그래서 서로가 충돌하지 않는다. 우리 입장에서는 서로 거리가 있는 관계가 사무적이고 정이 없고 삭막하다고 생각한다. 예전에 일본의 친한 젊은이들 몇 명이 회식하고 식사 비용을 서로 나누어 내는데 자신이 먹은 것에 따라 각자 계산해서 낸다는 이야기를 듣고 조금 정이 없다고 여겨졌다. 객관적으로 보면 그렇게 하는 것이 옳은 것으로 생각한다.

오늘날 우리 젊은이들도 분담은 하는데 각자 먹은 것으로 계산하는지 모르겠다. 얼마 전 연애하던 남녀가 다툼으로 헤어지게 되자 한쪽이 그동안 사용한 데이트비용을 나누어 달라고 요청하고 상대방도 그렇게 했다는 기사를 보았다. 나의 세대에서는 상상하기 어렵지만, 지금은 세태가 변한 것을 보여주는 사례이다. 한편으로는 지나친 것 같다는 생각이 들지만 향후 오래 살아갈 젊은이들의 관계설정으로 보면 바람직하다고 본다. 사회가 지나치게 분업화되다 보니 자신의 업무수행에서 필연적인 관계들이 과거보다 아주 적어졌다. 그나마 일자리 없는 젊은이들은 집 안에 고립되어 나오지 않거나 단기간 일자리로 혼자 외로이 생활하다 젊은 나이에 고독사하는 경우도 많다.

사람과 사람의 기본 거리는 반드시 존재한다. 혈연이건 부부

이건 마찬가지다. 균형적인 거리 유지는 관계를 좋게 한다. 관계에 대한 불편함을 줄일 수 있다. 사람은 모두가 독립된 개체로 자신의 의지를 가지고 있다. 불편한 관계를 만들지 않으려면 독립적 의지를 가진 내가 중요하다. 독립적인 나는 상대방과 대등하고 유연한 관계를 형성할 수 있다. 이 점이 관계의 기본이다. 기본 거리를 두는 관계는 단지 사교적이며 외양적 격식만이 있다고 말하는 사람들이 있다. 그러나 이러한 관계가 신뢰를 바탕으로 이루어지면 형식적이라 말할 수 없을 것이다. 친한 관계를 만드는 방법으로 같이 밥이나 술을 먹고 목욕탕에 간다고 한다. 당연하게 친밀감이 생겨날 수 있다. 그러나 대부분 사업적인 관계설정의 방법이다.

다양한 세대가 모여 사는 사회에서 연령층이나 소속조직에 따라 여러 가지 형태의 관계가 필요할 것이다. 부모 자식이나 부부 관계는 보다 밀접할 것이고 친구들과 선후배 이웃 등과 직장이나 사업 관련 사람들과의 관계는 상대적일 것이다. 어떤 관계를 유지하느냐는 서로의 관계설정에 달려 있다.

어느 관계이든 기본거리를 유지하는 것은 중요하다. 관계설정에 지나치게 몰두하는 일은 오히려 좋은 관계를 망치기 쉽다. 자연스럽게 하는 것이 오래간다. 온갖 정을 다 주었는데 상대방의 태도가 나의 기대에 못 미치면 배신감을 느끼거나 배은망덕한 사람으로 생각한다. 돌아오는 대가를 생각하고 만드는 관계는 오래가지 못한다. 또한 상대방에 대한 감정의 기복이 심하게 되면 관계는 깨져 버린다. 가장 밀접한 부모와 자식 그리고 부부간에도 마찬가지이다. 어떠한 사회적인 노력에도 불구하고 미래의 개인들은 과거보다는 점점 외로운 혼자가 될 것이다. 그러나 목숨까지 왔다 갔다 하는 심각한 관계의 갈등은 줄어들 것이다.

오늘의 사회는 개인화되어 간다. 앞으로 혼자 사는 사회가 보편화될 것이다. 부작용으로 고독사와 절망사도 증가할 것이다. 필요한 관계가 무엇인지 사회적으로 검토해야 하는 시점이다. 개인화되고 혼자 사는 사회가 되는 현상 자체가 문제가 아니라 서로 연결되는 기본 관계망이 형성되지 않는 것이 문제이다. 사회적 관계망이 법적으로 구축되어 있으면 개인 간의 관계망이 약하더라도 문제가 크지 않을 것이다.

내가 생각해 본 대책으로는 공동체 활동을 많이 만들어 각 개인을 참여토록 유도하면 사회 속에서 혼자 고립되는 문제를 해결할 수 있다. 또한, 도시나 농촌에서 삶의 터전을 마련하고 일자리를 만들어 지역주민들과 사회기관 등과의 관계를 맺게 한다면 도시에 고립된 많은 이들을 구할 수 있다고 생각한다. 영국이 외로움 전담 부서를 운영하는 것을 국가 차원에서 참고하여 검토하는 일도 도움이 될 것이다.

표준주례사

몇 번의 주례를 서면서 결혼하는 사람들에게 해 주어야 할 말이 필요한데 과연 효과가 있을까 하는 생각이 많았다. 하나의 형식적인 과정으로 주례사를 한다면 결혼식의 내용은 없는 것이다. 그나마 많이 생각해서 주례사를 쓰다 보니 하나의 표준 틀같이 되어갔다. 내용이 똑같지는 않아도 말하고자 하는 본질은 같다. 기왕에 작성한 것을 조금 수정해 표준주례사로 만들어 보았다. 서점에 법륜스님의 주례사도 있고 좋은 주례사를 묶은 책도 있는 것으로 보아 의미가 있을 것으로 판단한다. 다음의 내용이 표준주례사이다.

오늘 신랑 김철수 군과 신부 이영희 양의 결혼을 축하드립니다.

신랑 신부를 훌륭하게 키워 주신 양가의 부모님들에게도 축하 인사를 드립니다.

결혼에 대한 다양한 해석이 나오면서 전통적으로 생각하던 결혼의 의미가 좀 더 복잡해지는 시대가 되었습니다. 당연했던 결혼이 선택의 문제가 되고 비혼도 많아지고 있습니다. 이점을 감안하여 오늘 주례사로서 말씀드리는 내용은 결혼의 의미와 성공적인 결혼생활이란 무엇인가에 대해서 몇 가지 당부로써 축하의 말씀을 대신하고자 합니다.

결혼이란 두 남녀가 열렬한 사랑을 하는 과정에서 이루어지는 것입니다. 많은 문학 소설에도 아름답고 가슴 뭉클한 사랑의 이야기가 많습니다. 때로는 슬프기도 합니다만 대부분이 결혼해서 잘 살았다는 이야기로 끝을 맺습니다. 많은 시에서도 사랑을 노래합니다. 노래에도 사랑에 관한 가사가 제일 많습니다. 영화도 그렇습니다. 우리의 삶에서 사랑을 덜어내고 나면 남는 것이 없을 지경입니다. 그만큼 인간의 삶에서 중요한 것이 사랑입니다.

그러나 왜 그렇게 많이 사랑을 이야기하고 노래하게 되는 것일까요? 밥을 먹는 것처럼 당연한 일이라면 아무도 사랑에 대해 이야기하지 않을 것입니다. 왜냐하면, 사랑이 그만큼 어렵기 때문입니다. 잘 안 되기 때문에 잘되기를 바라는 마음을 문학으루 영하로 노래로 표현하는 것입니다. 밥을 먹는 것처럼 사랑도 인간의 생명을 유지해가는 중요한 원천입니다. 모든 생명체는 나름대로 사랑을 합니다. 한 점의 의심도 없습니다. 그러나 인간만큼은 사랑이 쉽지 않습니다. 여러 가지 고려할 사항이 많아졌기 때문입니다. 그것은 인간의 욕망이 많아졌다는 것입니다. 당연합니다. 욕망은 우리의 자존을 지탱하고 사람과의 관계를 형성하고 우리의 문명을 발전시키는 원동력이기 때문입니다.

누구나 사랑의 욕망이 있습니다. 이 사랑의 욕망이 남녀를 결혼에 이르게 합니다. 그러나 "그래서 결혼해서 행복하게 살았다"로 끝이 나지 않습니다. 열렬한 사랑이 결혼 후 일상생활로 접어드는 시기가 다가옵니다. 이때는 사랑할 때는 잘 몰랐던 나의 하고자 하는 원함과 상대방이 나에게 해주기를 바라는 원함이 부딪치게 됩니다. 상대방도 마찬가지로 나에 대한 원함이 커지기 때문입니다. 또한 나는 상대방을 아주 잘 안다고 생각합니다. 그러나 자기 자신도 잘 모르는 나는 상대방을 속속들이 잘 알 수 없습니다. 그래서 분쟁이 일어납니다. 그 해결책은 상대방에 대한 이해보다는 있는 그대로 인정을 해야 합니다. 그래야 나의 마음이 편해집니다. 그것은 나의 행복입니다.

결혼이란 결국 나를 위해 하는 것입니다. 상대방을 사랑해서 결혼해 주는 것이 아닙니다. 내가 필요해서 내가 하고 싶어서 하는 것입니다. 나의 선택이 잘 되든 안 되든 나의 책임입니다. 인간의 마음은 특히 사랑하는 감정은 붙잡아 놓거나 가두고 사용할 수 없습니다. 나의 마음도 생각으로 잘 조정되지 않습니다. 여기에서 지혜가 필요합니다. 사랑한다는 것은 나의 마음입니다. 사랑은 주기보다는 내 안에 있는 것입니다. 결혼생활에 가장 중요한 것은 이 사랑을 내 안에서 잘 유지하고 보존하는 책임이 나에게 있다는 것을 자각하는 일입니다.

내가 상대방을 있는 그대로 인정한다면 그리고 상대방에 대한 나의 바람을 적당하게 조절한다면 사랑은 내 안에서 그대로 유지되거나 커져 나갈 것입니다. 이것은 상대적입니다. 상대방도 마찬가지 마음을 가지게 됩니다. 내 안의 나를 조정한다면 각자가 사랑을 가지고 있지만 서로 교감하고 교통이 가능해져 보다 더 큰 사랑을 느낄 수 있습니다. 이것은 사랑을 포괄하는 더 큰 감정 곧 친밀감입니다.

두 사람이 각자 자신의 일을 하고, 간섭하지 않고, 서로 지켜보고, 격려해줄 때 사랑은 유지되고 친밀감도 커지게 됩니다. 서로의 일을 존중하고 격려해준다면 결혼해서 평생 잘 살았다는 해피엔딩의 삶이 될 것입니다.

한 가지 추가한다면 같이 많은 여행을 다니면서 느끼고 생각할 것을 권고합니다. 여행만큼 사람을 성숙시키고 친밀감을 크게 하는 것은 별로 없는 것 같습니다. 나의 삶이 상대방이 있으므로 더 행복해졌다는 것을 느낄 수 있는 계기가 될 것입니다. 언제나 홀로보다는 같이 함이 더 행복합니다.

오늘 신랑 신부는 긴 서두의 의미를 잘 이해하시고 협의해 주신다면 오늘의 주례사는 앞으로의 생활에 도움이 될 것입니다. 마지막으로 다시 한번 두 사람의 결혼을 축하드리며 신랑 신부의 길고 긴 행복을 기원합니다.

유튜브 세상

세상의 모든 사람들은 나름의 작은 사회를 이루며 살아간다. 과거에는 자신이 속하지 않은 다른 세계의 일들은 신문이나 라디오를 통해 소식을 접할 뿐이었다. 나의 세대에도 신문과 방송을 통하지 않고는 일어난 사실을 알 수 없었다. 전해지는 풍문은 그것이 사실인지 판단이 불가능했지만 일반사람들에게는 귀 기울이게 되는 중요한 전달 매체였다.

오래전 이야기이지만 보도 통제시절 외국에서 들어오는 타임지나 뉴스위크지에서 한국 관련기사 중에 중요한 정치적 문장이 검은 사인펜으로 지워져서 발행된 것을 사보곤 했다. 누구나 글이 일부 지워져 안 보인다면 햇빛에 비추어서라도 지워진 몇 문장을 보고 싶은 충동을 가지고 있었을 것이다. 지나간 역사이고 요즈음은 그런 세상은 아니다. 보도되는 것이 너무 많아 멀리했더니 마음이 편하다.

세상이 확 변한 것은 불과 십수 년밖에 안 된다. 집의 아이들이 크면서 컴퓨터의 세상도 같이 커왔다. 386이나 586이니 하는 컴퓨터를 거쳐 휴대용 컴퓨터로 볼 수 있는 모바일 폰을 가지고 다니게 되면서부터 세상은 변했다. 최초로 삼성휴대폰을 사서 들고 다녔는데 가격도 엄청 비싼 제품이었다. 전화를 가지고 다니는 사람들이 적어 사용을 별로 못하고 신제품으로 갈아타게 되었다. 지금 그 제품의 골동품값이 원래 구입가보다 높다. 전자제품이 그런 값을 갖게 될지 누가 알았겠는가. 문자나 카톡이라든지 페이스북과 인스타그램 그리고 유튜브 등 새로운 소통방법의 등장으로 어떤 소식이든 전국적으로 퍼져 나가는 데 몇 분이 걸리지 않는다. 사진이나 동영상 등 뭐든지 전달이 가능한 시대이다. 나이든 이들이 자꾸 과거를 이야기하는 것은 오늘날 세상의 모든 변화들은 자신이 살아오는 과정 중에 일어났기 때문이다. 말하자면 출현하기 전까지는 꿈도 꾸어보지 못한 일들이 현실이 되었기 때문이다.

지금은 세상의 모든 곳에서 일어나는 일들을 알 수 있다. 화면이 실시간으로 전송되어 사건 현장을 생생하게 보고 들을 수 있다. 기존 언론이 전달하는 정보의 양은 개미같이 수없이 많은 사람들이 보고 전달하는 양에 못 미친다. 그나마 속도도 늦게 알려진다. 개인방송을 하는 사람들이 더 재빠르다. 그러나 오류가 있을 수 있는 부분이다. 단편적인 정보를 검증 없이 내보내기 때문에 확인이 필요하다. 기존 언론들은 언제부터인가 자기들이 알려주고 싶은 정보만 알려준다. 개인방송과 큰 차이가 없는 양상이다. 공식 언론을 통해도 잘 알 수 없다는 것은 보도를 아예 안 하거나 해도 사실과 달라서 보는 사람들은 결국 오리무중에 빠지는 것이다. 뭐든지 잘 알 수 있는 대낮에 하늘을 가리는 알 수 없는 것들의 세상도 존재한다.

유튜브는 모든 사람들에게 내가 지금 뭐 하고 있는지 영상으로 전달할 수 있다. 대부분은 소소한 일상을 찍어 편집한 후 보여준다. 이러한 영상들은 지속적으로 올라와서 흥미를 가지고 보는 사람들이 많다. 소위 구독자라고 말하는 사람들이다. 규모가 큰 운영자들은 수입이 수십억 원 이상이라 하니 방송국이라 해도 무방할 것 같다. 적은 비용의 방송장비로 영상제작이 가능하기 때문이다.

유튜버들의 수입원은 방송에 따라붙는 광고들이다. 수입 창출이 안 된다면 그렇게 많은 사람들이 개인 유튜버가 되지 않았을 것이다. 방송을 위한 비용은 혼자 해도 생각보다 비용이 많이 든다. 뭔가 보여주기 위해서는 의도적으로 가야 하고 먹어야 한다. 조금 규모가 커진 경우에는 게스트도 초청해야 하고 직원들도 고용해야 한다. 커지다 보면 결국 일부 작위성을 가지고 연출하지 않으면 안 되는 것이다. 한 회당 10분짜리 영상을 만든다는 일은 쉽지 않다. 편집에 몇 시간 걸린다. 아예 직업으로 하거나 부업으로 삼고 온 가족들이 방송에 나선다.

나는 농사를 짓기 때문에 관심 있는 것은 농사일에 관한 방송들이다. 농사 장비 소개나 농약, 비료, 제초방법 등 온갖 정보가 쏟아진다. 내용들에 부작용도 있지만 아직까지는 긍정적인 편이다. 계속 새로운 아이디어를 가진 유튜버들이 등장한다. 그만큼 시장이 좋아 확장되고 있다. 영상도 너무 많아 찾아내기도 힘들다. 제목을 기억하고 보지 않기 때문이다. 방송에도 다양한 수준과 종류가 많다. 자신의 전문지식을 방송하는 이들도 있고 재미와 호기심을 주는 방송도 있다. 대부분 수익 창출에 애를 쓴다. 병행하여 모금활동도 활발하다. 정기구독료도 받는다. 그래서 오만가지 방송이 송출된다. 성적 호기심을 유발하는 영상들은 수없이 많다. 일부 사람들은 성적인 내용을 적나라하게 말하고 보여준다. 어떤 내용이든 보는 이가 많으면 수입이 많아진다.

EBS 교육 프로그램 같은 영상들도 있다. 의사나 변호사, 정치가, 예술가, 운동선수, 평론가, 학자들도 나서고 있으니 전문적인 방송이 된다. 문학 음악이나 미술 전문분야의 내용들도 많다. 자신의 전문분야와 관심이나 있는 분야는 도움이 될 것이다. 주류방송사에서도 방송했던 프로그램을 올리는 추세이다. 인기가 어느 정도인지 가늠해 볼 수 있다. 이 점은 다소 아이러니하다.

수없이 많은 분야의 영상들을 보고 안 보고는 개인들의 판단이다. 다만 지나치게 몰두하다 보면 중독성으로 자신의 시간을 소비하는 일이 된다. 어찌 보면 현대의 모든 사업적 일들은 타인의 시간을 소모시키면서 돈을 버는 것 같은 생각이 든다. 영상소비자들은 시간의 소모에 따른 효용가치를 한 번쯤 생각해 보아야 할 것이다.

아무리 많은 정보가 넘쳐나도 한국 사회의 중요한 일들은 실체파악이 어렵다. 세상이 밝고 명료해서 누구나 같은 눈으로 보게 되는 때를 기다린다.

세상은 눈물일까

살다 보면 이유 없이 슬퍼지는 경우가 많다. 그 슬픔의 근원은 무엇인지 곰곰이 생각해 본다. 살아있다는 것에서 오는 슬픔들이다. 좀 더 정확하게 표현하자면 살아가면서 겪게 되는 많은 일들에서 오는 슬픔으로 생각된다. 감정의 회로는 심장이 뛰는 것과 마찬가지로 24시간 작동한다. 잠을 잘 때도 감정은 살아있다. 그리고 잠의 질에 영향을 미친다. 감정에 따라 달콤한 꿈을 꾸거나 악몽을 겪게 된다. 슬픈 감정은 생활의 과정에서에서 오는 것 이외에도 그냥 생겨날 때가 많다.

하늘에 흘러가는 구름이나 바다의 파도를 멍하니 바라볼 때 눈물이 난다. 자연의 아름다움에 빠져서 나는 눈물인지 모른다. 드라마나 영화를 볼 때도 마찬가지다. 이때는 함축된 슬픈 감정이 내재되어 있다가 외부의 자극으로 표출되는 것일 수도 있다.

사람들은 슬퍼서 울고 기쁨이 충만해도 감격의 눈물을 흘린다. 어쩌면 원초적으로 웃음보다 눈물이 먼저 작동했을지 모른다. 아기나 태어날 때 울음으로 세상을 시작하지 않는가. 처음 맞이하는 낯선 세상에 대한 두려움일지 모른다. 안도의 웃음은 그다음이다. 처음으로 맞이하는 세상의 두려움 그것이 살아있는 동안 내내 작동하는 것으로 볼 수 있다. 다음 순간 엄마 품에서 안정감을 확인하면 방긋이 웃게 된다. 순서에 있어 울음이 먼저다. 엄격하게 말한다면 두려움에 우는 것과 슬퍼서 우는 것은 다른 감정이다.

어찌 됐건 눈물은 그 원인과 관계없이 생활 속에 살아있다. 나이가 들어감에 따라 눈물이 많아지고 있다. 심한 경우 볼을 타고 흘러내린다. 이런 현상은 감정의 눈물이 아니라 눈물샘이 오류인 것 같다. 그러나 그런 눈물 중에도 진짜 눈물이 존재한다고 믿는다. 지나간 시간에 대한 기억에서 그리고 앞으로 맞이하게 될 시간을 생각하며 솟아나는 복잡한 감정에 기인하는 눈물이다. 불가에서는 존재란 기쁨도 아니고 슬픔도 아니라 했다. 그러나 모든 생명체는 본능의 감정을 갖고 태어나니 이를 회피할 수 없다. 감정이 없는 사람은 부정적인 사람으로 취급한다. 범죄에 있어 죄의식의 감정이 작동하지 않는 이들을 예로 들 수 있다. 한편 감정이 지나친 사람들은 이성적으로 행동하기 어렵다. 세상을 현명하게 살아가려면 슬픔이여 안녕을 해야 되는 것인지도 모른다.

슬퍼하는 눈물은 자기 회복의 치료가 된다. 혼자만의 시간에서 슬픔은 밀물처럼 다가와서 어느 순간 썰물처럼 빠져나간다. 그것은 표면이 경화되어 버린 마음을 녹여주고 본연의 탄성을 유지하게 해주는 작용을 한다. 사람들은 어느 정도 자신의 감정을 감추고 산다. 관계를 유지하기 위한 방편이다. 과거에 적절하게 자신의 감정을 표출하는 방법에 대해서 제대로 교육을 받은 적이 없다. 그래서 과거에 화병들이 그렇게 많았는지 모르겠다. 요즈음 젊은이들도 알게 모르게 상처 입은 감정을 숨기다가 우울증에 걸리는 일이 많다. 스스로 자기치료를 해야 한다. 최선의 방법은 여행이다. 혼자서 떠나가는 여행에서 많은 눈물을 흘릴 수 있다. 눈물이 많아질수록 삶은 정화된다. 적당한 눈물이 필요한 복잡한 시대이다. 가족과의 영원한 이별에서도 눈물은 도움이 된다.

개인들이 겪는 많은 문제는 사람과의 관계에서 비롯된다. 타인의 못마땅한 말이나 행위에서 불편한 마음이 생겨난다. 적절하게 방어하지 않으면 스스로 피해자로 전락한다. 가장 중요한 것은 자신이 설정한 관계의 범위와 한계를 점검하는 일이다. 타인에게 지나치게 의존하거나 기대감이 높은 경우 실망감이 크다. 가족과의 관계에서도 마찬가지이다. 나의 감정은 스스로 지켜야 한다. 독립된 주체로서 자신을 지키지 않으면 무너지게 된다. 무너진 후에 누구를 원망하고 세상을 비난해도 소용없다. 피해자로 후회하고 원통해서 나오는 눈물은 자기 정화가 되지 않는다. 복수의 기회를 다잡을 뿐이다. 내가 독립적인 주체로서 생각하기 시작하면 억울해서 눈물이 나던 일도 무덤덤한 일상적인 일로 변하게 된다.

아주 오래전 대학시절에 기독교단체의 농촌봉사 국제캠프에 참여한 적이 있다. 교회를 통해 많은 외국인들이 한국의 시골에서 보름 정도 지역에서 필요한 봉사활동을 하는 내용이었다. 참여자 중에는 일본에서 온 재일교포들도 있었다. 당시만 하더라도 재일교포에 대한 생각들이 여러 가지였다. 마을 어르신 중 한 분이 재일교포인 한 여학생에게 한국말을 잘 못 한다고 비난을 하였다. 당사자는 일본에서의 삶이 녹록지 않은 상황에서 모국이라 봉사하겠다고 왔는데 칭찬은 듣기커녕 말을 잘 못 한다고 힐난을 받았으니 마음이 아팠을 것이다.

그래서 위로해준다고 모여앉아 이야기하다가 당사자인 여학생이 울기 시작했고 눈물이 전염되어 몇몇 학생들이 눈물을 훔치기 시작했다. 결국 모두가 울게 되었다. 공감의 눈물이었다. 그저 같이 슬퍼하는 눈물은 당사자를 정화시키고 주변의 사람들을 동일한 감정으로 일치시켰다. 유일한 남자였던 나도 눈물의 대열에 포함되었는데 주변 사람들이 너는 왜 우냐고 하면서도 공감할 수 있는 것을 좋게 보았다. 그 여학생은 한국에 있는 동안 한국말이 능숙해진 것은 물론이다.

공감의 눈물은 중요하다. 같은 감정을 가질 수 있는 사람들이 있다는 것은 눈물의 당사자에게 힘을 주고 스스로 감정의 정리가 되도록 도와주는 역할을 한다. 요즈음 사회는 눈물이 너무 많은지 눈물이 메말라가고 있는지 혼동되는 시대이다. 눈물이 없는 사람은 울어 볼 수 있는 계기를 만들어 보는 것도 중요하다. 노래를 듣거나 시를 읽으면 눈물이 날 수 있다. 자신에 대한 글을 써보는 일도 중요하다. 나의 깊은 내면을 자극하여 본연의 감정을 회복시키는 노력을 한다면 눈물은 일종의 정화의식이 될 것이다. 세상 자체는 눈물이 아닐지라도 눈물이 필요한 세상이다.

불안한 미래

세상이 어지럽게 돌아간다. 이전에도 위험하고 혼란한 일들이 많았으니 어지러운 세상을 보는 일도 익숙해졌을 것이라 볼 수 있다. 지구 곳곳에서 지금까지 불안한 일들도 많았지만 대부분 간접피해라 생각했기 때문에 크게 느끼지 못했다. 그러나 이번 경우는 다르다. 단시일에 스쳐 지나가고 끝나는 일이 아니라 지속적이며 가속되는 일이기 때문이다. 그것은 기후변화가 촉발하는 불안정한 자연현상들이다.

일반적인 자연현상으로 일어나는 피해는 해마다 있었으니 금년도 별다를 것이 없다고 생각한다면 잘못된 것이다. 이미 매스컴을 통해 말라버린 강이나 사라져버린 호수의 영상이 나오고 있다. 엄청나게 대규모이다. 물이 부족하여 도시에 제한급수를 하거나 에너지가 부족하여 제한 송전을 하는 것은 이제 남의 나랏일이 아니다.

기후변화는 지구온난화의 결과로 초래되는 급격한 지구 평균온도의 상승이 원인이 되어 각종 이상 현상이 일어나는 것을 의미한다. 자연계에서 기후변화는 자연스러운 것이다. 자연현상은 자연계의 생명체에게는 그다지 큰 변화를 주지 못한다. 피해는 입겠지만 스스로 복원할 수 있는 능력을 타고났다. 단지 자연을 파괴하여 도시를 건설하고 각종 문화시설을 향유하는 인간들에게는 큰 문제이다. 인간 문명의 힘이 수만 년 동안 조금씩 변하는 지구 평균온도를 급격하게 상승시켜 재해가 발생하고 있는 것이다.

2000년대 초부터 북극의 얼음이 녹는다든지 해수면이 상승한다는 보도들이 많았지만 그다지 신경들을 쓰지 않았다. 단지 과학 분야의 전문가뿐만 아니라 저널리스트 정치가 환경보호가들은 이미 오래전부터 사실을 인지하고 다가올 위협에 대한 경고를 지속적으로 해 오고 있었다. 이제 실질적인 재해의 피해가 눈으로 확인이 되고 있으니 더이상 이야기하는 것이 무의미해졌다.

지구 기온상승은 멈춘 것이 아니라 이제 시작이다. 세계가 막아내야 할 지구 평균온도 상승은 1.5도인데 지금 1.2도 오른 상태에서 자연재해로 난리가 나고 있는 것이다. 세계는 지구온난화의 대책협의회를 만들어 토의하고 실행계획을 세우는데 많은 시간을 소비하였다. 이제 겨우 합의를 도출해 실행 중이다. 낙관적으로 봐서 1.5도 평균 기온상승으로 끝난다 하더라도 그 변화에 따른 피해는 막을 수 없다. 문제는 예상한 상승 시나리오대로 될 것인가 하는 데 있다. 더 나빠질 수도 있다. 그리고 1.5도 상승 이후 정지된 상태를 유지하려면 많은 것을 포기해야 한다.

2022년 금년은 최고의 무더위 여름을 보내고 있다. 열대야가 50일간 이상 지속되고 있다. 그저 지나가는 한여름의 현상으로 치부하기에는 이전에 비해 양상이 너무 다르다. 전 세계에서 벌어지는 일과 연계해서 본다면 이미 기후변화에 따른 자연재해가 초입 단계에 진입했다는 생각이다. 올여름 서울을 비롯한 지역을 강타한 집중호우에 걸어가던 사람이 맨홀로 빨려 들어가고 주택지하에 살던 사람이 빠져나오지 못하고 물에 갇혀 생명을 잃은 사건이 일어났다. 안타까운 일이다.

불행한 시대에 돌입했다. 따지고 보면 언제 한 번 지구 세계가 편한 적이 있었던가. 최소한 수천 년 전에도 기후변화로 먹거리를 찾아 이동했던 것을 보면 살기가 쉬웠던 적은 없는 것 같다. 자연재해의 피해로 지금이 과거보다 더 어려운 상황이다. 인간의 문명은 모두 연결되어 있다. 식량 에너지 자원 등의 수급에 지장이 많을 것이다. 전체적인 생산량이 소비 수요를 충족시키지 못하는 경우가 빈번할 것이다.

다소 부족한 것이 아니라 아주 부족해 버리면 전쟁이 일어난다. 어떤 이유에서든 구실을 대어 남의 것을 빼앗으려 할 것이다. 그 정도까지는 안 된다 할지라도 국가는 통제에 들어가고 물가는 천정부지로 뛰어오를 것이다. 되풀이되는 재해로 복구는 불가하고 그 상태를 유지하면서 생존하는 단계에 들어갈 것이다. 국민들은 정부에 대해 대책을 세워달라고 항의하다가 무질서하고 격렬해져서 폭력사태로 비화될 것이다. 결국 무력으로 통제하는 일이 발생하고 상황은 더 나빠질 것이다. 최소의 배급체제가 시작되고 결국 국가가 최소한의 것도 지원할 수 없는 불행한 사태들이 일어날 것이다.

너무 비관적인 시나리오인지 모른다. 그러나 충분히 개연성을 가지고 있다고 본다. 자연재해 앞에서는 아무리 부유한 국가라도 피해를 미리 막고 수습하기에는 한계가 있다. 나의 세대보다 지금의 중년 이하의 세대와 그 자식들은 어떨 것인지 걱정이 크다. 최소한의 피해를 위해 미리 대비해야 하는데 만만치 않을 것이다. 피해복구도 쉽지 않은데 대비를 한다는 것 자체가 어려운 일이다. 천문학적인 비용과 시간이 필요한 일이기 때문이다. 국가와 관계없이 개인들은 최대한으로 대비책을 세워야 한다. 당장 내년이 아닐지라도 그럴 가정을 하고 스스로 비상대비책을 마련해야 한다. 시간이 많이 없을 것 같다.

전쟁과 평화

톨스토이의 작품을 이야기하고자 함이 아니다. 그러나 그런 내용일 수 있다. 세상은 전쟁으로 얼룩져 간다. 이미 전쟁은 시작되었고 앞으로 지속적인 확전만이 있을 뿐이다. 바야흐로 세계대전의 양상으로 접어들고 있다. 그 실체는 영토, 종교, 자원, 에너지, 무역, 경제, 인구 등의 분쟁이다. 앞서 말한 분쟁을 빌미로 이미 여러 곳에서는 위험한 전쟁이 벌어지고 있다. 어느 지역이든 쉽게 끝날 것 같지 않다.

그러나 앞으로 더 큰 전쟁이 다가올 것이다. 자연과의 전쟁이다. 인간들 간의 전쟁보다 훨씬 큰 피해가 예상되지만 어느 나라도 긴급하게 준비하는 것 같지 않다. 당면한 인간들의 전쟁에 몰두해야 하기 때문이다.

자연의 피해로 심각하게 타격을 입은 국가는 생존을 위해 최후의 수단으로 피해가 적고 자원이 많은 옆의 나라를 넘볼 것이다. 이때는 폭탄의 아버지나 폭탄의 할아버지가 아니라 폭탄의 유일신인 원자탄을 사용할 것이다. 지금도 분쟁이 있는 나라의 몇몇 지도자들은 폭탄의 신을 만지작거린다는 소리가 들려온다. 불행하게도 지금의 인류는 늙고 야심으로 가득 찬 몇 명의 지도자들에게 자신들의 운명을 걸어야 하는 팔자이다.

언젠가 들은 재미있는 말이 생각난다. 한국의 역사는 장군들의 역사라는 말에 동감한다. 장군들의 역사란 전쟁의 역사를 의미한다. 그러나 우리나라는 대부분 침략에 맞서 힘겹게 방어한 경우가 대부분이다. 그 결과는 초토화된 국토와 수많은 백성의 죽음뿐이었다.

현생 인류의 역사 20만 년 중에 전쟁이 없던 기간이 존재하지 않았을 것이라 추정한다. 조사된 인류의 역사를 보면 충분하게 그럴 것이라 생각하게 된다. 지금도 우리 인류는 우리와 같은 종인 네안데르탈인을 멸종시켰다는 의심을 받고 있다. 이용의자들은 가는 곳마다 서내농불들을 멸족시켜왔다. 이제 스스로를 멸족시키는 일만 남았다.

최근 들어 팽팽한 긴장을 유지하여 비교적 평화로운 세계는 균형이 깨지면서 갈등이 표면화되고 여러 나라가 개입하는 전쟁의 가능성이 높아졌다. 3차 세계대전이 눈앞에 어른거린다.

금년에 러시아가 일으킨 우크라이나 침공전쟁을 보면서 어떠한 전쟁이든 사람들은 전쟁의 나날을 하루라도 견디어내기 어렵다는 생각을 하게 된다. 2차 대전만 하더라도 도시의 규모가 크지 않고 아파트 같은 공동주택이 많지 않았다. 후방이 존재하여 피난도 갈 수 있고 시골에서 어느 정도 생활도 가능했다. 오늘의 전쟁은 전후방에 관계없이 미사일이 날아올 것이고 폭격기나 전투기들은 보이지 않는 위치에서 폭탄을 날릴 것이다. 우리는 매일 방송을 통해 전쟁 상황을 실시간으로 보고 있다.

전쟁을 일으킬 만한 나라는 핵을 가지고 있다. 초기에는 사용을 자제하겠지만 전황이 불리해지면 핵사용의 가능성이 높다. 핵사용 이후에는 어떠한 예측도 불가능하다. 자위적 수단으로 국지적 타격의 전술핵사용 운운하지만 그 자체가 핵전쟁시대를 의미한다. 일단 핵이 사용되면 그 누구도 중지시킬 수 없는 연쇄작용으로 나타날 것이다.

얼마 전 타계한 스티븐 호킹 박사의 인류 멸망 시나리오를 상기할 필요가 있다. 기후변화, 핵전쟁, 바이러스, 인공지능, 외계인 등에 의한 멸망이다. 어찌 보면 잘 맞지 않는 예언이라기보다 가까운 미래에 일어날 수밖에 없는 과학적인 예측으로 보인다. 기후변화와 바이러스와 핵전쟁은 상호연결점을 가지고 있고 연동해서 일어날 가능성이 높다. 인공지능에 대한 예언도 금세기 안에 일어날 가능성이 많다.

가까운 미래에는 심각한 기후변화로 자원 확보를 위한 전쟁의 가능성이 제일 높다. 초기에는 재래식전으로 시작하지만 점차적으로 생물무기나 화학무기가 동원이 되고 최종적으로 핵이 사용될 것이다. 거대한 부와 국가권력을 가진 지도자들의 생각은 아주 다른 것이다. 과거의 전쟁을 상기하면 쉽게 이해가 된다.

인공지능의 위험성은 지능이 인류보다 뛰어난 인공지능로봇이 자연계에서 별 필요 없는 모순투성이의 인류를 제거 대상으로 본다는 시나리오이다. 그러나 그 이전에 인간들은 군사용 로봇을 만들어 대리전쟁을 하게 될 것이다. 이미 무인드론은 전쟁에 사용되고 있으며 최근 들어 더 정교하게 발전되고 있다. 공격하는 쪽에서는 안전한 전쟁으로 생각하겠지만 상대방한테는 무자비한 희생의 결과를 가져오는 것이다.

평화는 의지의 표명이다. 그것은 방법론이 아니며 하나의 목표이다. 인류는 평화라는 거대한 지향점을 가지고 다양한 노력을 하지만 매우 빈약하기 그지없다. 말로 하는 평화는 때로는 공허하다. 약자가 평화를 외친다고 오지 않는다. 전쟁의 반대개념은 평화가 아니라 전쟁이 없는 상태이다. 전쟁이 없는 상태는 힘의 균형이 존재할 때만 가능하다. 이런 상태가 지속되면 평화롭다고 말할 수 있다. 평화를 유지하기 위해서는 끊임없는 힘의 균형이 필요하다. 참으로 피곤한 일이다. 힘의 균형은 일차적으로는 군비의 증강이라고 할 수 있지만 정치와 경제 사회의 모든 부분이 조화롭게 운영되어야 가능하다. 어느 것 하나 소홀히 한다면 전쟁에 휘말릴 가능성이 높다. 평화를 위하여 상시 전쟁 준비를 하는 것이다. 모순 같은 이야기지만 현실이 그렇다. 평화를 구가하던 유럽이 러시아 우크라이나 전쟁 이후 군사력을 강화하는 것이 그것을 보여준다. 서로 평화를 유지하자는 말은 쉽지만 진정한 평화에 도달하는 길은 너무 멀다. 어쩌면 인간의 유전자가 바뀌지 않는 한 요원한 희망에 그칠지도 모른다.

행복과 불행의 선택

행복을 이야기한다는 것은 쉬운 일이 아니다. 모두가 인사로 "행복하세요"라고 이야기하지만 정작 행복해진다는 것이 무엇인지 잘 모른다. 그러면 행복의 반대편에 균형을 이룰 것 같은 불행에 대해서는 잘 알고 있느냐 하면 이 또한 분명하지 않다. 어쨌든 불행이라고 생각되는 것을 이야기함으로써 에둘러서 행복을 이해하는 방법도 괜찮을 듯싶다. 우리가 불행하다는 것은 여러 가지 이유가 있나. 취업을 못 해서, 직장의 인간관계나 부부 사이가 나빠서, 돈을 못 벌어서, 하던 사업이 잘 안 돼서 등등의 다양한 상황을 이야기할 수 있다. 결국 원하는 일이 안 되거나 만족하지 못해서 불행하다고 느끼는 것이다. 물론 자신의 몸이 아프거나 불치의 병에 걸렸을 때 혹은 가족의 병이나 죽음이 자신을 심각한 불행으로 몰아갈 수 있다. 이런 면에서 보면 "불행하지 않으면 행복한 것이다"라고 말할 수 있다. 즉 행복은 일상이 아무 일 없는 상태를 의미한다.

그러나 그렇게 생각하는 사람은 많지 않다. 왜냐하면 막연하게 생각하던 행복과는 뭔가 괴리감이 있다. 행복은 좋은 것, 물질적인 것, 남들이 부러워하는 것으로 생각하기 때문이다. 또한 행복에 관해서 행복론을 저술한 사람도 여럿이 되고 『행복의 정복』이란 유명한 책도 있고 보면 그 행복의 정의가 이렇게 간단하지 않을 것 같다.

행복과 불행이란 무엇인가에 대한 생각은 모두 개별적이다. 각자가 느끼고 생각하는 것이 다른 주관적인 사항이기 때문이다. 주관적이기 때문에 어떤 이가 불행을 느끼는 상황도 또 다른 이는 행복으로 받아들일 수 있는 상황이 된다. 모든 일에 적용되지는 않아도 대부분은 그럴 것이다. 생각에 따라 행불행이 갈린다고 할 수 있다. 나의 관점은 행불행의 판단은 생각하고 느끼는 방법의 차이에서 비롯된다고 본다. 즉 내가 불행을 느낀다면 내가 불행하다고 생각하는 것이고 내가 행복을 느낀다면 내가 행복하다고 생각하기 때문이다.

우리 인간 각자는 모두 다른 자기만의 개성과 기질을 가지고 있다. 이러한 독립성들이 타인과 관계에서 충돌할 때 불행한 느낌을 초래하게 된다. 상대방과 주위의 환경이 내가 원하는 방향으로 가지 않을 때도 불행하다고 느끼게 된다. 관계의 거리가 가까울수록 그 느낌은 크다. 상대방에 대한 기대치가 만족스럽지 않을 때 갈등이 생겨나고 불행감이 커지게 된다. 즉 모든 관계에서 기대치가 어긋날 때 마음이 불편해진다. 모르는 타인이라면 일회성에 그치고 말 일들이 가까운 관계 속에서 지속적으로 반복되면 불쾌한 감정은 커가고 결국 불행하다고 생각하게 되는 것이다.

나의 의지대로 할 수 있는 것은 나 이외에는 없다는 것을 자각해야 한다. 그러한 나조차도 나의 기대치와는 다르게 움직이는데 하물며 타인에 대해서는 말해 무엇 하겠는가. 나에 대해서 그리고 타인에 대해서 불만족감이 있다면 마음이 편하지 못한 상태가 된다. 마음이 편하지 않으면 하던 일도 안 되고 불안하게 된다. 생각할수록 마음의 불편함이 가중되고 급기야는 어느 순간 상대방에 대해 다툼을 일으키거나 물리적 해를 가하게 된다. 결국 법적 분쟁으로 비화한다.

과거로부터 인간은 협동을 바탕으로 생존해 왔다. 그러나 과다한 물질문명으로 소유의 욕망이 커진 후에는 타인의 마음이나 행동양식까지 나의 의도를 반영하려 한다. 결과적으로 갈등이 커지게 되고 불행하다 느끼는 사람들이 많아진다. 날이 갈수록 인간관계의 불안정성이 커지면서 점점 행복해지리라고 예상하던 것과는 달리 불행한 마음이 증폭된다. 불행한 감정을 없애고 평안한 상태가 되기 위해서는 나의 한계를 알아야 하고 나의 의지를 타인에게 강요하지 말아야 한다.

부모 자식과 부부 사이가 제일 조심해야 될 관계이다. 친구와 직장동료도 이에 버금간다. 해결책은 서로 간의 간섭이 배제된 거리두기이다. 코로나로 인해 거리두기에 익숙해졌다. 앞으로는 관계의 거리두기가 필요한 시대이다. 그 이유는 내가 불행하다고 느끼지 않고 행복감을 느끼기 위해서이다. 나의 행복감을 위해서 남에게 행복하게 해달라고 요구를 하거나 강요를 하게 된다면 남을 불행하게 만드는 일이다. 타인의 고의적인 행동에 의해서 불행하게 되는 경우도 많다. 사회에서 일어나는 모든 범죄도 직접적으로 남을 불행에 빠뜨리는 일이다.

행복과 불행은 주로 자신의 의지에서 나온다. 타인에게 휘둘리지 않고 나의 의지대로 행동하는 것이 내가 행복해지는 지름길이다. 혹시 남들이 보면 불행할 것이라 느끼는 삶이 전혀 불행하지 않고 행복할 수 있는 것은 절대로 본인이 그렇게 느끼지 않기 때문이다. 행복은 나의 생각과 마음속에 있다.

3

문학의 노래

시를 읽고 감명을 받은 화가가 그림을 그리는 경우도 있고 그림을 보고 문학적인 창작활동을 하는 작가들도 있다. 좀 더 생각해 본다면 세상의 모든 일이 예술이 아닌 것이 없다. 단지 살아가는 일이 급하다 보니 무감각해져 느끼지 못할 뿐이다.

나의 문학의 불씨

나의 문학의 불씨는 언제 어떻게 시작이 되었는지에 대해서 스스로도 궁금하다. 그래서 과거로 시간여행을 해보면 닿는 시점이 초등학생 시절이다. 세상을 보는 눈이 떠지지 않는 시점에 자연을 보면 뭔지 감정이 생겨났던 것을 기억을 한다. 옆집의 목사님이 산책을 가실 때면 어린 나를 데리고 뒷동산에 올라갔다. 조그만 산이지만 올라가서 내려다보는 도시는 전혀 다른 모습으로 다가왔다.

구름이 흘러가는 하늘도 인상적이었다. 초겨울 학교에 가는 길에 주변의 벼를 베고 난 논두렁이 이슬로 하얘진 모습은 아직도 기억 속에 남아 있다. 주변의 다리 밑으로 흐르는 물결은 햇빛에 반짝이며 흘러갔다. 저녁

무렵에 가끔은 왠지 모를 슬픈 마음에 휩싸이기도 했다. 동화를 많이 읽은 것 같다. 『떡배단배』, 『모래알고금』 등이 생각난다.

초등학교 친구가 중학교 다닐 즈음에 신춘문예에 대해서 이야기하였다. 지금 생각해 보면 그 친구 주위에 신춘문예에 응모하려는 어른이 있었던 것 같다. 결론은 아주 어렵고 아무나 되는 것이 아니라는 이야기였다. 중1 때 국어시험을 보았다. 시험결과가 생각했던 것보다 덜 나와 국어 선생님을 찾아가서 다소 억울한 듯 울먹이며 채점이 잘못되었다고 이야기했다. 여선생님은 재검을 하더니 틀림없다고 했는데 몇 점이 올랐다. 아마도 애매했던 주관식에 점수를 더 준 결과인지 모른다. 2학년 때 학급신문을 손으로 만들어 매달 게시한 적도 있다. 대부분 아동신문자료를 보고 베껴 논 것으로 선생님이 와서 들여다보곤 할 때마다 마음이 편치 않았다.

중학교 3학년 때 교내에서 개최한 소월문학상에 응모했다. 소설을 썼는데 입상하지 못했다. 소설 이래라 수필 정도 분량도 안 되었을 것이다. 스스로 평하여 볼 때도 클라이맥스 없이 너무 평이하게 씨시 소설이 아니라고 생각했다. 소설을 쓸 만한 상상력이나 경험이 없다고 자각한 시점이다. 사실 소설에 대해 자세히 알지 못한 시기였다. 방과 후에 가끔 청계천 고서점에 헌책을 사러 다니기도 했는데 그때 구입한 책이 쇼펜하우어의 죽음의 철학이다. 원제는 모르겠는데 불과 10년 전 만 해도 그 책을 가지고 있었다. 사회 선생님이 염세 철학을 이야기해서 구입했는데 제대로 읽지도 못했다.

요즈음 쇼펜하우어의 인생론 에세이인『사랑은 없다』를 읽고 있다. 그의 논문집과 인생철학에 관한 격언집에서 발췌했다고는 역자는 이야기한다. 각 권을 읽는 것이 전모를 파악하기 쉬운데 아쉬움이 있다. 그렇지만 책의 내용에서 사랑은 없다는 그의 생각을 아주 쉽게 알 수 있다.

고등학교 때는 입시공부로 치열했다. 그래도 당시에는 국어 공부가 많아 문학에 접하는 계기가 되었다. 담임 선생님이 국어 선생님이어서 영향을 많이 받았다. 고려대학교 명예교수이신 서연호 선생님이다. 잠깐 고등학교에 재직하셨던 것으로 알고 있다. 덕분에 삼성사에서 나온 열 몇 권짜리 한국문학대계를 사서 읽었다. 현대문학에 대해 공부할 수 있는 계기가 되었다. 한문과 고문과목도 있었다. 참고서로 가지고 있던 책이 박목월 시인의 문장강화, 서정주 시인의 현대시 해설, 김현 평론가의 현대시 해부, 조연현 작가의 현대소설의 이해 등이다. 지금 생각하면 국어 공부를 비교적 많이 한 것 같은데 그만큼 입시에서 국영수 비중이 컸기 때문이다. 당시에 학교 국어공부만으로도 문학의 기본이 되는 것을 충분하게 배웠다고 생각한다. 당시 수업시간에 유머스럽게 강의하던 또 한 분의 국어 선생님은 배재대학교 명예교수이신 김진악 선생님이다. 선생님은 해학수필집을 출간하였다.

모든 공부는 공부하기 나름이다. 국어과목도 시험만을 위한 공부가 아직도 변함없이 지속되고 있는데 안타까운 일이다. 입시 공부를 집중적으로 많이 하는 것은 좋으나 전체적인 것을 정리하면서 각 부분에 대한 공부를 한다면 문학공부에 도움이 될 것이다. 그 과정에서 생각을 많이 하게 되면 좀 더 깊이 파고들 수 있는 능력이 생긴다. 나중에 스스로 공부할 수 있는 토대가 된다.

과거를 돌아보는 일은 중요하다. 아무리 젊은 사람들도 과거가 생겨나고 나이가 들수록 더 많은 과거를 가지게 될 것이다. 단지 적절한 방법을 통해서 돌아보아야 한다. 수시로 특히 젊은이들 앞에서 과시적으로 과거를 이야기하다 보면 '라떼'는 이란 비웃음을 산다. 시대가 지나가고 세대가 바뀌어 버린 시점에서 과거를 이야기하고 자랑스러운 활약상을 과시해야 무엇하겠는가. 지금 쓰고 있는 수필들은 스스로 회고하기 위하여 조용하게 글로 정리해 볼 뿐이다. 그리고 어느 시점에서 잊히고 모두 사라질 것이다.

나의 시 창작을 말해보면

자연과학을 한 내가 어느 날 시를 쓰고 시집을 출간했다. 덕분에 대전 충남 지역 신문에 인터뷰 기사가 나오고 서평들이 있었다. 세간의 관심거리일 수 있으나 이런 경우는 부지기수이다. 내친김에 시뿐만 아니라 시조와 동시를 짓고 문단에 등단하니 좀 별난 일같이 되었다. 그것도 같은 해에 그렇게 된 것이다.

그러나 한편으로 생각하면 시나 시조 동시는 같은 시이다. 시조는 정형률을 유지하는 것이고 동시는 어린이 마음으로 시작을 하는 것이기에 모두 가능한 것이라 생각한다. 시를 제외하고는 시조와 동시는 문학계에서 상대적으로 약세인 것 같다. 이는 극히 주관적인 생각이다. 시는 시인의 숫자가 많으니 시집이 많이 나오고 상업적인 판매도 비교적 많은 편이다. 반면 시조는 시조 시인이 많지 않을뿐더러 시조집 또한 시에 비해서 상당히 적은 편이다. 동시는 젊은 엄마들의 관심이 많아 아이들 교육용으로 잘 팔린 책도 있고 나름 활발한 것 같다.

일반적인 문학계의 활성화 판단의 근거는 작가의 수와 책 발행 및 판매이다. 한국 문인협회나 각 지역 문인협의 등록된 작가의 수만 보더라도 그렇다. 나의 입장에서는 정확한 통계를 가지고 있지 않으니 단정 지어 말할 수 없다. 중요한 것은 이 세 부분 모두가 다른 매체와 비교하면 아주 약세라는 것이다. 시는 이해하기 어려우니 독자가 외면하고 시조는 일부 나이 든 사람만이 관심을 갖는다. 시조 시인으로 활동하는 이들도 고령자들이 많다.

동시 작가는 아이들을 많이 접촉하는 선생님들과 젊은 엄마들이 많다. 동시집도 많이 출간되고 인기를 끈 책도 있으나 주로 서점에서 팔리는 것은 영상매체를 기반으로 한 어린이 책이거나 수입된 책들뿐이다. 점차적으로 책으로 만들어 내는 활자의 시대가 저무는 것 같다. 사진을 위주로 한 디지털카메라 시집도 나오고 17글자의 짧은 시인 일본의 하이쿠도 배우는 이들이 있다. 결국 전통적으로 내려오는 시와 시조 동시는 입지가 좁아지고 있다. 그나마 일부 인기 있는 시인들의 시집이 잘 팔린다 해도 영화 등 다른 매체에 비하면 형편없다.

대학에서는 연구실적을 증명하는 방법으로 논문을 쓰고 그것을 논문지에 게재함으로써 연구력을 인정받는다. 그래서 학술지는 극히 제한된 이들만이 접근하게 된다. 시집이나 동시집 시조집 등과 문학지도 전문학술지가 되어 일반 독자들에게 외면당해 버리는 상황이 오지 않을까 걱정된다.

대학 1, 2학년 때 이과였음에도 불구하고 『문학사상』이나 『월간문학』 『창작과 비평』을 구독하였다. 학교 교정에 교양서적을 들고 다니며 파는 이들이 많았다. 주로 타임지 같은 외국잡지였지만 문학지들도 있었다. 다 오래전 일이다. 세상이 얼마나 빨리 변해 가는데 옛날이야기를 해 보아야 무슨 소용이 있겠는가. 대세는 어쩔 수 없지만 문학을 사랑하는 이들은 대중에게 보급하고 알리는 일에 적극 나서야 할 때이다. 사실 이렇게 이야기하면서도 자신이 없다.

시는 시인도 잘 이해가 안 되는 시가 많다. 혹 이해가 된다 하여도 그것이 무슨 감흥을 가져오는지 한참 생각해 본다. 시조는 정형률을 중시하는데 종장의 기본조차 지키지 못하는 시조가 수두룩하다. 그냥 시라고 한다면 오히려 수긍이 갈 것이다. 동시는 아동문학의 한 장르로 볼 수 있다. 아동문학은 동시를 비롯하여 동요와 동화를 포함한다. 이외에도 동화시나 동화극들도 포함한다. 시, 시조, 동시는 모두 시라고 할 수 있다. 단지 창작방법이 차이가 있고 보는 눈높이가 다를 수 있다. 시와 시조의 경우 정형률이 있고 없음에 차이가 있고 시 또는 시조와 동시의 차이는 보는 눈높이에 있다고 할 수 있다.

동시의 창작 법은 어린이의 눈으로 어린이의 생각으로 창작해야 한다고 하는데 이것을 동심이라고 표현한다. 시를 짓는 시인이라면 시나 시조, 동시를 모두 창작할 수 있다. 단지 자신의 취향이나 생각에 따라 한 분야를 선택하여 집중할 수 있다. 많은 시인들이 두 가지 분야로 창작하는 사례가 많다. 나는 세 가지 모두가 가능하다고 생각하여 세 분야를 별 차이 없이 창작하고 있다. 물론 장단점도 잘 알고 있다. 한 분야를 전념해도 쉽지 않은 일을 추구하는 것은 미래에 한 분야를 선정하기 위함이다. 이런저런 가능성을 시도해서 한 분야를 선정해서 집중하는 날이 오리라 생각한다.

사실 세 분야 모두를 추구하는 일은 어느 면에서는 버거운 일이다. 문학을 하면서 대단한 꿈을 갖고 있지 않다. 단지 여러 가지 할 수 있으면 해보는 것이 좋다고 생각한다. 열심히 해도 아마추어적 수준에서 벗어나지 못할 것이다. 모든 일에는 필수 시간이 필요하다. 열심히 한다는 것은 바람직하나 노욕을 불러오면 안 된다. 평생 공부하는 마음으로 창작하고 그 과정에 만족하면 기본적인 문인의 자세는 갖출 수 있을 것이라 생각한다.

그림의 세상 속에서

적어도 어린 시절 이발소에 걸려있던 그림을 기억하는 일은 쉽다. 밀레의 「만종」이다. 웬만한 이발소에는 다 있었으므로 베이비부머 세대들에서는 기억하는 이들이 많다. 르누아르 작품 이레느 깡 단베르 양의 초상은 내가 어린 시절 책상 앞에 붙여놓았던 프린트 그림이다. 소년이 소녀의 그림을 붙여놓는 것은 자연스럽다. 단지 그 소녀가 1880년대 8세 아이라는 점이다. 당시에는 몰랐던 사실이다. 실제 모델과 그림에서의 느낌은 다르다. 그림의 주인공은 내가 8세 때 91세까지 장수한 후 사망하였다.

나의 학창시절 청소년들은 가수나 배우 사진을 붙여놓고 있었다. 지금의 청소년들은 핸드폰 카메라에 저장해놓고 수시로 볼 것이다. 오늘의 시대는 모바일 폰으로 필름과 인화지의 현상 없이 수백 장 이상을 찍고 저장하여 볼 수 있는 시대이다. 그러나 그림은 여전히 중요하게 여겨지고 좀 더 대중적이 되었다. 그림을 사랑하는 많은 애호가들이 있다. 그림의 수집이나 판매도 활발하다. 원그림이 비싼 것은 판화나 아트 프린트 그림으로 구입하여 감상할 수 있다.

보통 사람들은 그림값이 비싸 인쇄된 그림들을 산다. 미술관에 가거나 전시회를 하면 기념으로 소액을 지불하고 구입할 수 있다. 판화도 귀한 작품에 속한다. 제한된 장수로 원화 그림을 복사 인쇄하여 판매한다. 매수와 작가의 사인이 들어간 것이 값어치가 있다. 다중의 사람들이 구입하여 감상할 수 있는 장점이 있다. 그러나 유명 작가의 그림은 판화조차 비싸 선뜻 구하기 쉽지 않다.

유명작가의 판화는 보통 다른 화가의 원작의 그림보다 비싸다. 삼성 리움미술관에서 발행했던 유명화가들의 달력 판화는 잘 만들어서 인기가 높다. 물론 한정판이고 일반에게는 판매한 작품이 아닌 것이 단점이다. 그러나 소장자들의 판매 광고가 나오고 있어 노력하면 비교적 쉽게 구할 수 있다.

21세기에도 사람들이 그림에 관심이 많고 소장하고 감상하려는 이유는 무엇일까 생각해 본다. 눈으로 충분하게 자연세계와 사람을 포함하는 생명체들을 역동적으로 볼 수 있음에도 불구하고 그림을 보려는 이유는 그림 속에 또 다른 세상이 존재하기 때문이라 본다.

컴퓨터에 저장해 놓은 사진을 반복적으로 보는 것과도 다르다. 그림 속에는 감상자가 상상할 수 있는 세계가 존재한다. 작가의 생각이나 감정에도 접근해 볼 수 있다. 무엇보다도 우선하는 것은 그림이 지닌 아름다움이다. 그림은 평면에 불과하지만 그림을 보는 이는 하나의 세상을 느끼게 된다. 그림 속 가상현실로 들어가는 것과 같은 것이다. 마치 문학의 글이 독자를 상상에 빠지게 하고 상상으로 풍광이나 장면들을 그려보는 것과 같을 것이다. 시를 읽고 감명을 받은 화가가 그림을 그리는 경우도 있고 그림을 보고 문학적인 창작활동을 하는 작가들도 있다. 좀 더 생각해 본다면 세상의 모든 일이 예술이 아닌 것이 없다. 단지 살아가는 일이 급하다 보니 무감각해져 느끼지 못할 뿐이다.

지구의 자연을 보는 것과 그림 속의 자연을 보는 것은 다르다. 화가마다 동일한 소재의 자연을 그린다 할지라도 전혀 다른 그림이 된다. 감상자들의 선호도 또한 아주 다르다. 나는 산을 단순화시킨 추상 그림을 주로 창작한 유영국 화가의 그림과 과수원을 주제로 화려한 꽃 그림을 그린 홍익대 교수였던 이대원 화가의 그림을 좋아한다. 좋아하는 그림을 꼽으라면 언급한 미술가들 작품 이외에도 너무 많다. 단지 몇 장의 프린트 수준의 작은 판화를 가지고 있기 때문에 두 미술가를 예로 들은 것뿐이다.

중고등학교 시절에도 미술과 서예시간이 있었다. 미술 선생님이 수업시간에 친구 C군이 그린 그림을 앞에 놓고 학생들에게 감상을 해보라고 하였다. 내가 보기에는 엉성하게 그린 그림인데 멀리서 보면 잘 그린 그림같이 보였다. 선생님은 그 점을 알려주고자 한 것 같다. 그 당시를 기억하는 것은 빈틈없이 색칠한 나의 그림이 멀리서 본 C군의 그림에 비해 영 아닌 것 같아 보였기 때문이다.

언젠가 파스텔로 추상화를 그린 적이 있었다. 당시에는 뜻도 모르던 앙가주망을 추구하던 미술 선생님이 너무 잘 그렸다고 칠판 앞에 갖다 놓고 학생들 보고 감상해보라고 시켰다. 노란 파스텔로 표현한 부분이 아주 대단히 좋다고 하셨던 것 같은데 그 이유는 지금도 모른다. 사실 미술수업이 일주일에 한 시간이다 보니 그림에 대한 기본 이론이나 미술사를 공부하지 못했다. 한 학기 몇 번 그려보는 것으로 수업이 종료되어 별로 배운 것이 없다. 이로써 평생의 미술공부는 마감이 되었다. 언제 그림 그릴 기회가 오기를 희망한다.

현대미술의 태동기는 문학이나 음악과 마찬가지로 일제 강점기에 시작된다. 이 시기를 구분하여 해방 전 근대미술과 해방 이후 현대미술로 구분하기도 한다. 당연하게 강점기 시절과 주권이 회복된 시절과는 차이가 있다. 과거와 현격히 다른 현대 미술의 기간은 백 년 정도이다. 유럽 미술에 비해 기간이 짧으니 미술사 공부에 쉽게 도전할 만하다. 물론 서양화 부분만 국한하여 말하는 것이다. 미술애호가로서 너무 좋은 그림이 많다. 그리고 작품하나마다 오묘한 세계가 존재한다. 마치 작가의 영혼 속에 들어가 있는 것처럼 새로운 세계를 느끼고 보게 된다.

미술의 가치는 그림값에 비례하지는 않는다. 미술의 감상 또한 마찬가지이다. 나만의 좋은 그림이 존재할 뿐이다. 문학과 미술 모두 마찬가지로 생각된다. 일반적으로 세계 시장에서 인정을 받아야 주류의 작품이 된다. 문학작품이 갑자기 노벨문학상이나 부커상을 받으면 유명세를 타지만 반드시 독자 개개인에게 좋은 책은 아니다.

미술품이 해외 전시를 통하여 호평을 받아도 마찬가지다. 유명 경매장에서 이루어지는 미술품 경매는 부자들의 상업적 시장일 뿐이다. 그림은 감상자마다 좋은 작품이 있다. 나의 감각을 믿는 것이 좋다. 좋아하는데 얼마라는 값은 필요 없다. 문학작품은 책 한 권 사거나 도서관에서 대출하여 읽으면 되지만 미술품은 안 그렇다. 굳이 비싼 그림이라고 감상하고 구입하려 애쓸 필요가 없다. 좋으면 미술관에 가서 감상하거나 프린트 그림을 사서 보면 된다. 좋으니까 비싸다는 말은 싸니까 나쁘다는 말로 대치될 수 없다. 많은 미술품들이 비싸니까 좋다 하는 식이 아닌지 모르겠다.

현대미술에서 동양화는 상대적으로 서양화에 비해 가격으로 저평가된다. 값이 비싼 서양화들도 일부는 외국에서 먼저 인정을 받아 그 값을 갖게 된 것이다. 국내의 동양화작품들은 찾는 이가 없는지 인기가 없다. 그렇다고 그 가치가 낮은 것은 아닐 것이다. 미술시장에 국한된다. 나는 동양화를 보고 정취를 느끼고 그 세계로 시간여행을 한다. 그 세계에서 시를 창작하기도 한다. 그림의 세계는 무한하다. 오늘도 그림의 세계로 떠나보고자 한다.

동심을 갖는다는 것은

때대로 나는 글에서 '나이든 이' 또는 '오래된 이'라는 표현을 사용한다. 나이든 이나 오래된 이라는 것은 노인을 의미하기도 하고 일반 성인 사람들을 말하기도 한다. 그러나 어떤 면에서는 어린이라는 말의 반대 의미를 갖기도 한다. 한 사람의 일생을 보면 어린이가 있고 젊은이들도 있고 나이든 이들도 있다. 시점에 따라 부르는 호칭이 다르다. 사람은 나이가 들면서 지식이 늘고 복잡한 사회를 이해하게 되면서 어린 시절의 생각과 마음은 사라지게 된다. 정확하게 표현하면 사라지고 새로운 것이 생긴다는 것보다는 변하게 된다고 볼 수 있다.

어린 시절의 마음을 동심이라 한다면 동심을 그대로

가지고 살기는 어렵다. 그보다는 불가능하다고 말할 수 있다. 나의 경우에도 어린 시절의 기억이 있다. 그리고 당시에 가지고 있던 정서도 단편적으로 남아 있다. 그러나 동심의 마음을 늘 갖는다는 것은 어려운 일이다. 동심을 유지하면서 사회생활을 하는 것이 쉽지 않다고 생각되기 때문이다.

그러나 문학에서 동심은 아주 중요한 역할을 한다. 특히 아동문학에서 동심은 필수적이다. 동심으로 글을 써야 작품을 읽는 어린 독자들의 공감을 얻을 수 있다. 이 점이 창작에 큰 문제이다. 항상 걱정하는 것이 과연 어린이들의 눈높이와 일치하는 것인지 궁금하다. 혹시 나이든 이와 어린이의 서로 바라보는 눈에 차이가 있지 않는가 하는 생각이 있기 때문이다. 물론 창작되는 많은 동시들은 아동문학가들과 평론가들에 의해 검증되기 때문에 문제가 없으라 믿는다. 또한 많은 아동문학가들은 아동들과 같이 생활하는 시간이 많은 선생님들이니 걱정할 필요가 없다.

그리고 어린이들에게 교육을 하고 있기 때문에 누구보다도 어린이의 생각을 잘 알 수 있을 것이다. 큰 학생만 가르쳐온 나로서는 동심에 대한 여러 가지 생각에 걱정이다. 그러나 과도한 기우일 것이다. 나는 어린 시절의 기억을 되살려 동시를 창작하고 있지만 과거의 경험이 많지 않다. 아이들이 귀해진 사회에 살다 보니 관찰하기도 쉽지 않다. 어디 가도 볼 수 있던 어린이들을 좀처럼 볼 수 없다. 단지 손자 손녀를 어쩌다 보는 것이 전부다. 하나 더 있다면 과거 자식들의 어린 시절에 대한 회상이다. 아득하게 생각되고 기억에 남아 있는지 분명하지 않다. 관찰까지 하는 여유를 갖기에는 삶이 너무 바빴다.

나이 들어 동심을 갖기 쉽지 않은 형편에서 창작활동에 고민이 많다. 그러나 동시 창작을 할 수 있는 것은 아직도 남아 있는 동심이 있기 때문일 것이다. 누구나 어린 시절의 단편들은 기억의 저 깊은 곳에 남아 있다. 그 기억을 살려내는 일은 가능할 것이다. 다만 그렇게 할 기회가 없을 뿐이다. 아마도 아이들과 같이 생활한다면 쉽게 회복되리라 믿는다.

동심과 유사한 말이 하나 있다. 나이 들면 어린애가 된다는 이야기다. 나이든 사람에게 해당되기는 하지만 동심을 갖는 것과는 조금은 비슷하고 대부분은 맞지 않는다. 동심은 어린아이의 맑은 눈을 갖게 되는 것이고 어린애가 되는 것은 치기 어린 행동을 하는 것으로 인식된다. 나이 들어 망령난다는 말은 틀린 말이 아니다.

치매라는 무서운 병을 제외하더라도 삶이 마지막에 가까우면 섭섭한 것이 많아진다. 겉으로 쉽게 반응하는 사람들과 속으로 삭이는 사람들로 나눠진다. 전자의 사람은 시시때때로 자기의 감정을 폭발시키지만 예상이 가능하다. 후자의 사람은 쌓아두었다가 한꺼번에 터지기 때문에 그 시점의 주변 사람들을 난감하게 한다. 그래서 나이든 이들은 건드리지 않는 것이 좋다. 그저 서로 적당한 거리에서 잘 지내는 것이 필요하다.

어린이의 마음을 갖게 되는 사람은 이전부터 그럼 마음의 창이 있다가 확대되었다고 할 수 있다. 욕심을 버리고 양보하는 마음으로 산다면 사물이나 인간관계를 어린아이와 같이 순수하게 볼 수 있는 능력을 갖는 것이 가능한 일이다. 의식적으로 된다기보다는 천성적인 성격이면 쉽게 동심을 가질 수 있다. 물론 말년의 대오각성이 그러한 마음을 유발할 수도 있다.

어떤 마음에 관계없이 외부로 나타나는 행동만이 유일한 판단의 근거이다. 그의 글과 행동거지가 어린아이와 같으면 그는 순수한 삶으로 돌아온 것이라 볼 수 있다.

성경에도 어린아이와 같다는 말이 있다. 그러나 어린아이와 같이 순수한 눈으로 보고 행동하며 살아가기는 불가능하다. 지금과 같이 험한 사회에서 세상을 볼 수 있는 눈은 세 겹 이상 되어야 가능하다. 한 세대 전만 해도 두 겹 정도였는데 불행하기 짝이 없다. 그런 세상에서 잠시라도 한 겹의 눈으로 세상을 보고 글로 표현한다는 것은 대단한 일이다. 그리고 그런 맑은 눈을 유지한다는 것은 깊은 내공이 필요할 것이다. 마치 라식수술처럼 나를 깎아낼 수 있을 때만 가능할 것이라 생각한다.

맑은 눈을 유지하는 방법은 나를 버리고 포기하는 일이다. 나의 열정이 아니라 과욕을 버리는 일이다. 그렇게 된다면 세상에 섭섭한 것도 노여운 것도 없는 상태가 되고 어린이와 같은 순수한 마음을 갖게 되지 않을까 추측한다. 노력은 하지만 쉽게 될 수 있을지 의문이 든다. 나의 자가 검증은 동시 창작의 수준으로 판단해보려 한다.

마광수 교수

어느 대학교수가 구설수에 올랐다. 한두 번의 일도 아니지만 뭔가 씁쓸하다. 모 대학 강의 시간에 한 교수가 음담패설에 여성도 참여해야 한다, 남자의 관심에 주목해야 한다고 이야기를 했다는 것이다. 문제가 되자 해당 교수가 학생들에게 사과했다. 과목에 따라서는 이러한 범주의 이야기가 나올 수 있는 과목들이 있다. 기사의 내용을 보면 교수가 사려 깊지 못하게 이야기를 한 것 같지만 전후의 맥락으로 알 수 없으니 일방적으로 판단하는 것은 무리인 것 같다. 꼭 필요했다면 좀 더 다른 표현을 사용했으면 어떨까 한다.

취지는 대략 짐작할 수 있다. 말실수를 한 교수를 비난하자면 한이 없다. 일반론적으로는 대학 강단은 좀 더 자유롭게 학생들과 의견을 나누고 토론하는 장이 되어야 한다. 사실 남녀문제를 제외하고 정치나 다른 주제에서 문제가 될법한 내용을 강의하는 교수들도 많다. 그럼에도 불구하고 교수의 일방적인 강의 내용에 질문을 하거나 의견을 제시하는 것이 어렵다. 토론 수업이라 하더라도 학생들은 경직되어 토론하기 어렵다. 교수들끼리의 토론도 상대방의 말을 들으려 하지 않고 자기주장만 하는 경우가 보통이다. 학교뿐만 아니라 사회 전체가 토론이 불가한 면이 있다.

나는 같은 대학동문인 마광수 교수를 학생시절에 알게 되었다. 개인적으로 아는 것이 아니라 학교신문의 지면을 통해서인데 글을 너무 잘 쓴다고 생각했다. 그 뒤로는 잊고 있었는데 사건이 터져 다시 인식하게 되었다. 훗날 그가 많은 사람이 알고 있는 『즐거운 사라』라는 제목의 소설을 출판했는데 표현이 음란하다는 것으로 유죄 판결을 받았다. 그의 책도 판매중지가 되었다. 그 결과 작가이자 교수가 직업인 그는 옥살이도 하고 교수 자리도 박탈당했다. 그가 이후에 한 일은 무엇이었던가. 평생 그 사건에 대해 이의를 제기하고 본인의 의도를 알리는데 책과 강연으로 온 시간을 소비했다. 복직되었으나 외톨이가 되었고 퇴직 후에 우울증으로 스스로 목숨을 달리했다. 참으로 안타까운 일이다.

2022년 지금의 입장에서 보면 1990년대와 같은 판결이 날까

하는 생각이 든다. 문제가 되는 그 시절 그의 강의도 문제가 되었다. 강의 시간에 소설과 같이 못 할 소리를 했는지를 조사한 모양인데 강의는 선을 넘지 않았다는 이야기다. 당연하게 교수의 기본자세를 유지했을 것이다. 작가가 어떤 소설을 써서 출판했다고 그대로 실천한다고 생각하는 것은 코미디 같은 일이다.

또 하나 수업 시간에 학생들과 맞담배를 피웠다는 이야기는 있다. 지금은 더 문제가 되리라. 왜냐하면, 교수와 학생 간의 맞담배 문제가 아니라 모든 공공지역이 금연이 되었기 때문이다. 교수가 수업시간에 강의실에서 담배 연기로 위해를 가한 것이 되기 때문이다. 학창시절인 70년대 중반에 교정에서 담배 피우던 학생이 교수한테 뺨을 쳐 맞는 것을 목격했다. 담배를 못 피우게 하던 시절이니 비공식적으로 피웠던 터라 어느 누구도 이의를 제기하진 않았다. 맞은 학생은 평생 기억하고 운이 나빴다고 했을 것이다. 대부분 학생들은 전설같이 이야기하며 그 교수를 기억한다. 정말 호랑이 담배 먹던 시절이다. 지금 그런 행동은 폭력에 해당한다.

마광수 교수는 국문학자이자 시인이다. 그는 박사학위로 윤동주 시인을 연구했고 그 결과로 학계에 업적을 남겼다. 그의 창작시도 내가 보기에는 좋은 시가 많다. 문제가 되었던 그의 주장과 담론을 공개 토론할 시기는 지났는지 아직도 안 왔는지 판단하기 어렵다. 그러나 적어도 그가 모든 사람들에게 그의 생각을 솔직하게 표현한 것은 분명한 사실이다. 오히려 강조하기 위해 직설법을 사용한 것이다. 그의 주장을 옹호하기 위해 많은 문인들과 학생들이 나섰던 것도 중요한 사실이다. 당시에도 객관적인 사람들은 부당한 처사라고 생각했기 때문이었다.

문학을 하는 사람의 입장에서 보면 마광수 교수는 재주가 많은 사람이다. 문학이론서와 시집, 에세이집, 소설, 인문교양서 등 오십여 권의 책을 저술하였다. 또한 그는 그림을 잘 그렸고 개인전과 공동전을 가질 만큼 화가의 자질도 풍부했다. 그가 발행한 책의 삽화도 그가 그린 그림이다.

그는 40세가 되던 91년도에 장편소설 『즐거운 사라』를 출간한 이후 외설죄로 92년 구속되고 93년 학교에서 직위해제 되고 95년도에는 해직이 되었다. 6년 뒤 복권되었지만 책은 여전히 금서로 되어 있고 후에 재임용에서 탈락한다. 학과에서 내부적인 갈등은 경험상 추론이 가능하다. 우여곡절 끝에 교수로 재직하며 정년퇴직을 맞게 된다. 이러한 과정에서도 지속적으로 집필을 하여 많은 책을 출판하였다. 대단한 창작능력이 아니면 불가능한 일이다.

아쉬운 것은 당시 시대가 그의 책을 허용하지 않은 것이다. 더욱이 그런 여파로 주변 사람들도 관계를 멀리해버려 왕따가 된 꼴이었다. 나중에 문제가 된 책에 대한 재판을 포기해버려 금서가 유지되고 있다. 지금 다시 재판한다면 금서가 될 리가 없을 것으로 생각한다. 사실 중고책방에서 제값보다 꽤 비싼 값으로 구해 볼 수 있다. 그 정도는 충분하게 허용할 수 있는 열린 세상이 되었기 때문이다. 마지막으로 그가 포기한 것은 그의 삶이었고 이유는 외로움이었다. 사실 20년 이상 사회와 자신과의 투쟁에서 지쳐버린 결과일 것이다.

사회가 조금 더 관용적이고 열려 있었다면 지금쯤 그는 자신의 이론을 시대에 맞게 발전시켜 한국의 에로티시즘 문학의 일가를 이루었을 것이라 생각한다. 또한 사회적으로도 그가 주장한 이야기들을 은유적으로 바꾸어 표현한다면 오늘의 한국 사회에서 문제가 되고 있는 결혼과 이혼, 비혼 등의 문제에 좋은 공적담론을 제시했을 것이라 믿는다.

무상과 아빠 낙제생

고등학교 시절 생애 최초로 사서 읽은 수필집이 이은상 시인의 수필집 『무상』이다. 이은상 시인은 단지 시인이라는 표현은 너무 경한 것 같다. 단지 여러 가지 호칭을 생각하다 그냥 시인으로 표현한 것뿐이다. 다양한 그의 경력은 잘 알려져 있으니 다시 언급하는 것은 중과 부언이 될 것이다. 단지 문학과 관련해서 보면 그는 시조 시인이었고 출판된 노산 시조집에 실린 시조 「가고파」, 「성불사의 밤」 등은 애창하는 가곡이 되었다. 특히 이순신 장군의 『난중일기』를 초역한 업적이 있다. 고교재학 중 이은상 시인이 그의 『무상』이라는 수필집을 학생들에게 반값 정도로 판매한 적이 있다.

그때 그 책을 사서 읽게 된 것이 교과서 이외의 수

필집을 처음 접해본 것이다. 당시에 책을 구입하게 된 경위는 생각나지 않으나 선생님의 소개로 구입을 하게 되었을 것이다. 그런 경우가 몇 번 있었던 것 같은데 조연현 문인협회 회장의 책을 구입한 적이 있다. 현대소설의 이해라는 소설에 대한 개설서인데 대학입시공부에 참고용으로 구입했던 것 같다. 조연현 선생이 배재학당 동문으로 후배들을 위해 싸게 판매한 것이다.

이은상 시인의 경우는 다르다. 언젠가 이은상 시인의 형제들은 마산의 삼 형제로 유명했었다는 글을 읽은 적이 있는데 지금의 표현으로 하자면 어렸을 때부터 지역 사람들이 알아주는 인재들이었던 것으로 생각된다. 이은상 시인의 바로 아래 동생이 이정상이라는 분이다. 배재학당 학생이었는데 독립운동을 하다가 잡혀 감옥에서 고초를 겪다가 출소 후 돌아가신 분이다. 배재학당 입학 초기에 학교소개서를 보면 정상장학금이 있었다. 그것은 이은상 시인이 동생의 죽음을 가슴 아파하며 동생이 다니던 학교에 장학금을 만들어 기리고자 하였다.

그런 생각이 지속되어 동생의 후배들에게 『무상』이라는 책을 싼값으로 공급했던 것이나. 수필집 『무상』은 한국의 명수필 중의 하나로 알려져 있다. 내용은 책 한 권 자체가 동생의 죽음을 슬퍼하고 그리워하는 장탄조의 글이다. 당시 읽었을 때 그 슬픔이 책에서 배어 나온다는 생각이 들었다.

대학생활 중에서 학과 교수님에게 받은 수필집이 유일하게 하나 있는데 이길상 교수의 『아빠 낙제생』이란 수필집이다. 이길상 교수는 학과개설 초기에 부임하여 학과의 틀을 만드신 분이다. 화학에 관한 전문서적도 많이 저술하고 한국 화학계의 발전에 크게 기여하였다. 이길상 교수는 학문적 명성뿐만 아니라 강의가 재미있기로 소문이 났다. 교양 화학시간에는 인문사회계 학생들이 몰려들어 수업도 대강당에서 강의하였다. 지금 시대에는 과학이나 철학 심리학 등의 강의도 쉽고 재미있게 하는 교수들과 전문가들이 많아졌지만, 당시에는 좀처럼 나오기 어려운 드문 현상이었다. 지금 시대의 강의가 당시보다 쉬운 점은 강의 교보재가 많아졌기 때문이다.

예전에는 교수님들이 환갑이나 퇴임 시에는 그동안 발표한 논문들을 모아 제자들이 헌정하는 것이 관례였다. 당시만 하더라도 문헌을 구해보는 일이 지금처럼 쉽지 않았을 때이다. 나름 의미가 있다고 생각되었다. 지금처럼 컴퓨터가 발전되어 저장이 가능하고 개인이 쉽게 문헌을 찾아볼 수 있는 시대에 와서는 아무도 그런 논문집을 만들지 않는다.

이길상 교수의 수필집 『아빠 낙제생』은 교수님이 환갑을 맞아 논문집과 함께 나누어준 것으로 기억한다. 책의 내용은 가족과 주변생활 이야기 그리고 감기와 비타민C에 대한 내용이다. 이와 같이 문학적 재능도 발휘하신 이길상 교수가 이은상 시인의 둘째 동생분이다.

앞서 언급한 내용처럼 마산의 유명한 삼 형제에 대한 나와의 인연은 수필집으로 시작하였다. 당시의 책만 하더라도 세로쓰기 책이다. 지금의 학생들에게 세로쓰기 책이 불편할 것은 당연하다. 당시에도 자를 대거나 줄을 그어가며 읽었다. 지금의 젊은 이들이 무상을 읽을 시간이 없을 것이다. 절판이 되었을 것이고 도서관에서 찾아 읽어도 그다지 와 닫지 않을 것이다. 1936년 처음 출판된 책을 읽는 것은 전공자들이나 연구자들 이외에는 없을 것이다.

책은 시간이 지나면서 사라진다. 대부분의 책들은 출간된 후 몇 년 지나지 않아 서점에서 사라진다. 어쩌다 중고서점에서 잠깐 머문 후 사라져 버린다. 옛날에는 희귀서적을 찾으러 중고서점에 다니는 재미도 있었지만 지금은 정보의 발달로 새 책을 파는 대형서점처럼 시스템을 갖춘 중고전문서점이 많고 인터넷으로 집에서도 검색이 가능하다. 적어도 1936년도 발행된 책은 아마도 고서점에나 있을 법하다. 그렇지 않으면 오만가지 골동품을 파는 경매 사이트에 가면 찾을 수 있을 것이다.

시대가 변하면 생각이 변하고 책의 내용도 달라진다. 시간이 지난 과학기술서는 고전이론들이 되어버려 쓸모가 없는 책이 되고 사회과학서는 급변하는 현실과 맞지 않게 된다. 문학을 비롯한 인문과학서들은 수명이 좀 오래될 것 같은데 사실 그런 것 같지 않다. 단지 어떤 책이든 생명력이 있다면 재판 삼판 등으로 이어져 내려올 것이다. 모든 것들은 당대에 보고, 듣고, 읽고 하는 것이지 후대로 갈 이유가 없다. 늘 새로운 책들은 출간되며 시대에 맞추어 재해석되는 책들이 끊임없이 나오기 때문이다. 시간이 지나면서 대부분의 책들은 책의 가치도 사라진다. 정부도서관에서 역사적 기록으로 보존하는 것 이외에는 답이 없다. 다만 몇 권의 책은 수십 년은 살아서 그 생명을 보존할 것이다. 수필집 『무상』은 나의 세대가 살아 있는 한 읽어볼 만한 책으로 당분간 존재할 것이다.

수필을 쓴다는 것은 모험일까

수필의 대가 문인들의 수필에 대한 소고를 읽고 나면 수필쓰기가 너무 어렵다는 생각이 든다. 금년에는 수필집을 출간할 계획이니 수필 소고들을 읽을 때마다 정신이 번쩍 든다. 나의 경우 좋은 수필에는 못 미치더라도 기본적인 조건을 충족하는 수필을 써야 한다고 생각한다. 문단에는 의외로 수필가가 많다. 수필가가 많다는 일은 수필집이 많이 출간되고 있다는 의미가 된다. 일일이 다 읽으면서 배울 것을 찾는 일 또한 쉽지 않다. 출간되는 책은 많지만 그나마 구하기도 어렵다. 다행스럽게도 소속문단이나 문학회에서 회원들이 보내주는 수필집들이 있어 빠짐없이 읽어보고 특징을 분석해본다.

이와 더불어 서점에서 구해볼 수 있는 한국의 대표적인 수필들을 읽어본다. 중고등학교에 실려 있는 수필을 모아 출간한 수필집도 구해서 검토해본다. 수필을 처음 접한 것은 중고등학교 국어 교과서를 통해서이다. 그 당시 공부한 수필들은 대부분 요즈음 교과서에도 수록된 명작수필들이다. 무엇보다도 성인사회로 입문하기 전 학생으로서 읽어본 대가들의 수필은 상상력을 발동하여 머리로 그려볼 수 있는 내용들로 가득 찼다. 언젠가는 한번 써보고 싶은 욕망이 저절로 생겨나게 하였다. 당시가 한국수필이 시작된 후 사십 년 정도 되는 시점이다. 지금은 다시 오십 년이 지난 상황이다. 수필도 나이를 먹고 발전했을까 연구해 볼 만하다.

수필론도 다양하다. 손광성 수필가는 "수필은 가치 있는 체험을 정제된 언어로 독자에게 직접 전달하는 열린 형식의 문학"이라고 하였다. 그러나 나의 경우 수필을 어느 정도 오래 쓰고 나서야 정제된 언어가 무엇인지 알게 될 것 같다. 마치 인생을 어느 정도 살고 나서 인생이란 이런 것이라고 이야기할 수 있는 것과 비슷하다. 그렇게 되기 위해서는 다양한 경험을 바탕으로 수필을 많이 써보아야 한다. 그러나 수필이라고 생각하고 쓴 것이 얼마 되지 않으니 창작한 수필에 대해 묘미를 느끼는 것은커녕 수필의 정의에 부합하는지 항상 의구심이 든다. 이러한 문제는 문학전반에 대한 생각과도 궤를 같이한다.

내가 창작하고 있는 시나 시조 동시도 마찬가지이다. 또 한 가지 중요한 일은 나를 위해 쓰는 글인가 아니면 그나마 읽어 볼 어느 독자까지 고려해서 쓰는 글인가 하는 인식이 필요하다. 서점에서 팔리는 수필집은 얼마 되지 않는다. 그런 책도 시간이 지나면 절판 상태이다. 그다지 좋지 않은 현실문제에도 불구하고 한 명의 독자라도 있다고 가정하고 읽어볼 가치가 있도록 정성 들여 써야 한 편의 수필이 될 것이다.

수필의 주제를 정하는 일 또한 난감하기 짝이 없다. 수필이 자신이 경험한 이야기를 진솔하게 담아내는 것이라는 의견에 반해 대부분의 수필집이 비슷비슷한 신변잡기의 내용으로 치우쳐 있다고 하는 비판도 있으니 곰곰이 생각해 보아야 한다. 그렇다고 전문적인 전공 차원의 내용을 쓰고 수필이라고 이야기 한다면 긍정할 사람들이 많지 않을 것이다. 신문의 칼럼과 에세이와 산문 등도 내용에 따라 수필일 수도 있고 아닐 수도 있다고 생각한다.

자주 언급되는 말이지만 수필은 붓 가는 대로 쓰는 것은 아니란 점이다. 미리 내용을 기획하고 어떻게 전개해야 하는지 머릿속으로 그려야 한다. 논리의 모순이 없는지 이전의 주장과 맥락을 같이 하는지 반전인지 확인해야 한다. 다음에 어떤 문체로 써야 하는지 생각해 보아야 한다. 당연하게 문학성을 기본으로 글의 구조를 만들어야 한다. 지금의 입장에서는 뭐가 빠진 것인지 잘 모른다. 어느 정도 시간이 지나야 무엇이 부족하고 잘못된 것인지 알게 될 것이다.

수필의 현실 참여에 대한 사항도 깊이 생각해야 될 부분이다. 수필로서 현실의 문제를 이야기하고 정치적 입장도 표명해야 된다는 주장이 있다. 우려되는 일은 수필로 사회 비판이나 정치적인 의사표명을 한다는 것은 가능하지만 효과는 미미할 것이라는 점이다. 적시를 맞추기 어려울 정도로 세상이 너무 빨리 변하고 있기 때문이다.

수필의 내용은 시대성과 시간성을 갖는다는 것이 나의 생각이다. 예를 든다면 지금과 같이 세계가 하루 생활권으로 접어들고 텔레비전이나 유튜브 등 영상매체가 실시간 중계하는 시점에서 여행을 가기 어려웠던 시절, 명작이라 불렸던 기행수필 등이 지금에도 가능할까 하는 의구심이 있다. 아무리 좋다고 생각되는 수필도 시간이 지나면 낡고 바래진다는 것을 당연하게 받아들이면 마음이 편할 것 같다. 시중에는 얼마든지 읽고 보고 즐기고 할 것들이 많다. 그것은 책으로 된 것이 아니라 영상이나 사진, 드라마 등이다. 그런 매체들이 책보다 우선한다는 것을 수필을 창작할 때마다 고려해야 한다.

분명한 것은 다양한 논점과 나의 고민에도 불구하고 독자에게 감명을 줄 수 있는 좋은 수필은 여전히 존재하며 앞으로도 계속 창작되고 출간될 것이라는 점이다. 그런 수필집을 선택해서 정독하려고 노력한다. 그리고 일생에 한 편이라도 수필다운 수필을 창작하기를 열망한다.

시와 대중가요

트로트가 새삼 각광을 받게 되어 사람들에게 많은 위안을 주고 있다. 사실 트로트는 나이든 이들이 좋아하는 노래라고 인식되어 있었다. 지금은 그러한 생각이 사라지고 모든 연령층에서 즐기는 대중들의 노래로 자리 잡아가고 있다. 만일 코로나사태가 없었다면 전국적으로 지금과 같은 트로트 신드롬 현상이 일어나지 않았을 것이다. 다양한 음악에 심취한 젊은이들도 나이가 들면 트로트가 좋아지기 시작한다.

젊은 시절 해외로 공부하러 나갈 때 가요카세트를 챙겨 나가야 한다고 모두들 이야기했다. 한국이 그리울 때 들으라는 것이다. 그러나 트로트에 관심이 없어 별로 실감이 나지 않았다. 왜 굳이 나이 든 사람들만이 트로트를 좋아한다고 말을 하게 됐을까 추정해본다. 60, 70년대 이후로는 다양한 장르의 음악이 나오기 시작해서 상대적으로 트로트가 위축되지 않았나 한다. 새로운 음악을 즐기게 된 신세대들이 굳이 트로트를 좋아할 필요가 없었다. 나의 전후 세대들이다. 나의 경우도 팝송 발라드 가곡 등을 좋아했다. 교육이 지속되는 젊은 시절에 그랬다. 트로트는 너무 늘어지고 슬프고 칙칙한 느낌이었다. 학창시절이 끝난 80년대서 들은 트로트는 이전과 다르게 좀 더 빠르고 경쾌한 느낌이 있었다. 이미자 노래와 주현미 노래의 차이로 비교할 수 있다.

트로트는 1920년대 중반에 시작된 음악이다. 조선 말기 음악의 대부분은 우리가 알고 있는 국악이나 창과 같은 전통음악이었다. 트로트가 시작되기 전에는 잠시 창가나 신민요 등이 있었다. 일제강점기 시절에는 트로트가 한국의 대중가요인 셈이다. 문학에 있어 현대시도 이때 시작되고 다양화된다.

내가 관심 있는 것은 트로트의 가사이다. 작곡된 노랫가락도 구성지지만, 가사가 사람의 마음을 사로잡기 때문이다. 그 시대가 나라를 잃고 앞이 보이지 않는 절망의 시대였다. 그런 와중에 트로트는 유일하게 나라 잃은 고난의 백성들에게 위로와 위안을 주었다. 지금의 감각으로 보면 가사가 유치하다고 생각할 수 있지만 당시의 많은 사람들은 그렇게 생각하지 않았을 것이다. 작사자는 암울한 현실을 감안해서 대중들의 마음에 파고들고 공감하는 가사를 만들 것인가 고심했을 것이다. 마치 그 시대의 시인이 시를 짓는 노력과도 같았을 것이다. 당시 창작된 많은 시는 노래 가사로 사용되어 명곡이 된 사례가 많다. 또한 6.25 전쟁의 참혹한 상황으로 빚어진 절망과 불안한 상황에서 위안을 준 것도 트로트라고 생각한다.

그러면 시대가 바뀌어 살기도 좋아지고 국가적 위상도 높아져 트로트가 인가가 없을 것 같기도 한데 여전히 인기가 있는 이유는 무엇인가. 오히려 트로트 형식의 노래가 확대되고 있으니 다소 기이한 현상으로 볼 수 있다. 트로트는 한동안 새로운 음악에 밀려 오랜 침체기를 겪었다. 그러나 꾸준하게 신곡을 만들고 부르며 그 명맥을 유지해 왔다. 그 원동력은 여전히 트로트를 사랑하는 사람들이 많아서이다. 트로트의 가사는 시대적인 아픔도 있지만 남녀 간의 사랑과 이별, 그리움, 연민 등 절절한 가사가 많다. 그리고 애국이나 가족, 부모 사랑, 미래의 희망 등의 가사들도 적절한 균형을 이루어 생명을 유지하는 원천이 된다.

시인들은 자신의 시가 음악으로 만들어지기를 바라는 소망이 있다. 더 나가서 자신의 시를 작곡가에 의뢰해서 노래로 만들어 음악발표회를 하는 경우도 본다. 대부분 가곡 등 클래식으로 만들지만 앞으로는 트로트로 작곡해서 부르면 어떨까 생각한다. 시와 트로트 가사는 차이가 많다. 시는 대중들에게 어려운 부분이 많다. 몇 번이고 생각해야 이해되는 경우가 대부분이다. 아주 이해되지 않는 난해한 시도 있다. 물론 쉽게 이해되고 가슴에 선득 다가오는 서정시도 많이 창작된다. 그렇다 하더라도 작곡이 어려울지 모른다. 시 창작을 할 때 노래 가사를 만들 것을 전제하지 않는다. 상대적으로 트로트 가사는 전문작사가가 노래를 전제로 가사를 만들기 때문에 사람들의 호응을 받는다. 앞으로는 트로트 가사로 전용할 수 있는 좋은 시를 발굴하거나 창작하여 노래를 만들면 좋은 가요가 될 것이다. 다양한 형식의 트로트 노래가 많아질수록 사람들이 더 많이 즐기게 될 것이다.

나는 주로 트로트 초기시대부터 70년대 이전 과거시절의 트로트를 즐기는 편이다. 주로 가사를 생각하면서 듣지만 곡 자체가 좋은 경우도 많다. 아무래도 노래는 가사보다는 곡의 리듬이나 가수의 가창력에 따라 선호도가 좌우되는 것 같다. 아주 어린 시절에는 텔레비전이 없고 라디오가 유일한 소통의 채널이었다. 당시에는 길거리에서 라디오 소리를 듣기 위해 라디오 전파사 앞에 사람들이 모이곤 했다. 혹시 길이나 집에서 라디오를 통해 나오는 노래를 들은 경험이 있었는지 모르겠다. 그래서 무의식적으로 자연스레 익숙해졌다고 추측해 본다. 그런 경험이 없어도 대부분의 사람들은 나이가 들면서 트로트를 좋아하게 된다. 아무래도 우리의 정서가 반영된 노래이기 때문이다. 한때 뽕짝이라고 비하되기도 하고 왜색이라고 방송이 금지된 시절도 있었지만, 지금은 한국 대중가요로서 최고의 전성기를 누리고 있다.

우리의 대중가요에 대한 연구를 하는 사람들은 많지 않다. 대부분 관련 분야에 종사했던 사람들의 회고에 의존하거나 생존한 당사자들의 이야기를 통해서 배경이라든지 비화 등이 알려지고 있다. 그런 이야기도 당연하게 우리 가요 역사에 필요한 중요한 기록이 된다. 이에 더해 누군가는 모아서 정리하고 학문적 연구를 해야 한다. 한국의 현대가요 100년이 지나가고 있다. 다행스럽게 몇몇 학자들이 관심을 갖고 연구한 책이 있어 우리 대중가요의 시작과 진행 과정을 알 수 있다.

역사는 과거 그대로 재현할 수는 없지만 가요는 음반이 많이 남아 있어 당시의 가요를 들을 수 있다. 불완전한 음반의 떨리는 노랫소리는 그 시대를 여행하는 것 같은 묘한 느낌을 갖게 된다. 100년 전 가요시대로 시간을 여행하는 것이다. 그 노래들 속에 당시 사람들의 삶이 있고 살아가는 애환이 있다. 그런 시절을 노래를 통해 경험해 보는 일은 과거를 느낄 수 있는 기회가 된다. 노래만 듣는 것보다 대중가요의 역사를 공부하면서 감상한다면 더 좋은 일이 될 것이다. 오늘도 히트하는 노래가 나올 수 있는 가사를 어떻게 만들 것인지 곰곰이 생각해 본다.

문학이 젊은이들의 관심을 가지려면

최근에 한국 문화예술은 꽃피고 있다. 노래와 춤, 영화, 드라마 등 국내는 물론 세계 사람들에게 새롭게 인식되고 있다. 그중 하나가 흥미가 있다는 것이다. 무엇이든 위엄이 있고 형식적이며 어려운 것들은 가까이 접근하기 어렵다. 젊은이들이 좋아하는 경향은 다양해지고 있다.

문학은 어떨까. 노래나 영화 드라마와 같은 인기를 끌 수 있을지 의심이 는다. 보거나 듣는 것이 아니라 읽는 것이기 때문이다. 단지 읽기만 해서 되는 것이 아니고 생각을 하고 음미해야 맛을 알 수 있으니 시간이 많이 걸린다. 더욱이 지금은 눈으로 보고 소리를 즐기는 시대이다. 장르가 다른 것을 어떻게 같이 놓고 비교하고 똑같이 유행을 따르는 것이 좋다고 할 수 없다. 그러나 젊은이들에게 다가가지 않으면 해결책이 별로 없다. 그저 그들이 나이 들고 세상을 알게 된 후 문학의 효용성도 필요하다 할 때까지 기다려야 하는지 의문이다.

인터넷 정보 시대에서 문학 분야는 작가는 많아지고 독자는 줄어드는 기이한 상황을 경험하고 있다. 문학작품의 시장은 출판은 많으나 오히려 판매는 감소하는 추세이다. 문학인조차도 문학의 타 분야 독자가 되는 일에 인색하다. 문학 작품의 상업적인 판매는 지지부진하다. 대중성을 띈 몇몇 문학인들의 저서만 소량 판매가 되는 현상이다. 영화 입장권 판매 수나 방송드라마 시청자 수에 비교할 수 없을 만큼 얼마 되지 않는다. 판매 부수와 독자 수가 일치하는 것은 아니지만 추세는 짐작할 수 있다. 이러한 문제들은 다루기 어렵다. 단지 작가로서보다 문학을 좋아하는 독자로서 우려와 걱정을 이야기해 보는 것이다. 지금도 문학 하는 사람들 중에는 젊은 작가들이 적지 않다. 그렇다고 전체 문학인들이 문학의 저변 확대에 관심이 있다고 할 수 없다. 오히려 문학을 대중적이라기보다 외딴곳에 홀로 존재하게 만들고 있는 것 같다.

문학 관련 학과를 전공한 젊은이를 제외하고는 국어를 배웠어도 문학에 관심을 갖는 이들이 많지 않다. 입시 시험 위주로 공부를 했으니 시험 후에는 쉽게 잊게 된 결과이다. 또한 문학에 관심을 두지 않아도 젊은이들은 할 것이 너무 많다. 내가 젊은 시절에 해보지 못했던 스노클링이나 패러글라이딩 보드 사이클 등등 각종 운동이나 예술 행위들이 너무 많다. 예술의 범위도 넓어져 옛날같이 고전적이지 않다. 급변하는 추세에서 문학인들은 어떻게 해야 젊은이들이 문학에 관심을 갖고 시간을 쪼개 참여할 수 있을 것인지 고민해야 한다. 그러나 독자의 확대에는 관심 없고 오히려 더 많은 작가를 만드는데 주력하는 모양이다.

결국, 작가가 독자이고 독자가 작가인 폐쇄적 상황이 될지 우려가 된다. 엄연한 현실은 모든 상황이 쉽지 않다는 점이다. 그럼에도 불구하고 긍정적인 현상도 많다. 각 지역마다 세워진 문학관은 지역의 명소로 자리 잡고 방문객들을 유치하고자 노력한다. 일부 문학인들과 애호가들은 북 카페를 운영하며 도서를 비치하여 자유롭게 독서를 가능하게 하고 책도 판매한다. 더불어 주변 작가들을 초대하여 대화의 행사도 갖는 등 나름 노력을 하고 있다. 그러나 전체적으로는 그 수가 얼마 안 되고 영업도 잘된다고 할 수 없다. 몇 가지 확대 방안을 생각해 보면 다음과 같다.

첫 번째로 문학 서적 축제를 지역적으로 개최하여 많은 사람들이 찾아볼 수 있게 함은 어떨까 한다. 지역 문인협회와 문학관 문예지 발행사 출판사 작가가 나가서 책 소개도 하고 할인해서 팔거나 증정하는 방안이다. 이 행사 중에 문학의 소개나 문학인과의 대화 등등의 부수적 행사를 진행할 수 있다. 지역의 교육기관과 같이하여 학생들의 참여를 유도하면 더 좋다. 전국적 행사는 너무 커서 오히려 지루하고 집중력이 떨어진다. 또한 지역 사람들이 참석하기 어려우니 추후 고려할 일이다. 대한민국 모든 지역에서 이러한 행사가 활성화된다면 전국이 활성화된다는 것을 의미한다.

두 번째로 e북이나 오디오북을 더 많이 제작하고 SNS 등을 활성화하여 적극 알리는 일이다. 관련 제작물을 학생들에게 공모해도 좋을 것이다. 수필도 오디오북을 만들면 새로울 것 같다. 시는 오래전 낭송이 한 분야가 되어 있는데 대외적으로 더 활성화하는 것이 필요하다.

시를 노래로 작곡하여 부르는 행사도 간간이 있으나 그리 대중적인 것 같지 않다. 동시나 시조는 동요나 시조창이 있으니 쉽게 접근이 가능하다. 시조창은 잘 알려져 있지 않은 분야이나 요즈음 젊은이들이 국악에 관심을 보이니 시조를 가지고 시조창으로 불러보는 행사를 해보는 일도 시도할 만하다. 세 번째로는 다양한 문화행사로서 문학행사를 타 분야와 어울려서 협동으로 개최한다면 그 관심이 높아질 것이다.

사실 문학은 영화나 드라마 스포츠 등과 비교하여 대중적이기 어렵다. 하지만 어떤 형태이든지 노출 빈도수를 높여 관심을 갖게 해야 한다. 가뜩이나 출산율 하락으로 젊은 세대들이 줄고 있다. 지금의 문학 세대가 지나가고 나면 문학인의 수나 그나마 있는 독자의 수도 급격히 감소할 것이다.

최근에 트로트가 젊은 세대로 자연스럽게 확대 재생산되는 것을 보고 있다. 국민의 정서가 표현되는 트로트의 속성이 그것을 가능하게 하고 있다. 문학도 유사하다. 획기적인 방법은 당장 없더라도 인간 본연의 정서를 가진 문학의 자연스런 세대 전이와 확대방법은 우선적으로 모든 문학인들이 서로 머리를 맞대고 진지하게 토론하여 좋은 실행 방안을 도출하는 일이다.

중고 책을 구입하여 읽는 재미로 산다면

나이가 어느 정도 들고 보면 생계를 위하여 일하는 것 이외에도 무엇인가 하나는 몰두할 것이 있는 것이 덤덤하게 사는 일상에 생기를 불어넣을 수 있는 좋은 계가가 된다. 그러나 누구나 몰두할 목록을 가지고 있지는 않다. 그래서 무엇을 몰두할 것인가를 찾는 일부터 시작하지 않으면 대개 실패로 끝이 난다.

내가 무엇을 해보기 원했던가는 마음속 깊은 곳에서 금광을 캐듯 캐내어야 한다. 까맣게 잊고 있는 일이 있는지, 하다가 지쳐 지레 포기한 일이 있었는가를 찾아보는 일이다. 전혀 새로운 것이나 주위에서 많이 선택하고 있는 것을 하는 것도 좋다. 그러나 자신이 몰두했던 일을 찾아 완성하는 일이 성공의 확률을 높일 수 있을 것으로 생각된다. 여기에서 중요한 사항은 남들에게 그럴듯하게 보이는 일이 되어서는 안 된다는 것이다. 그것은 나를 위하는 일이 아니기 때문이다. 학생을 가르치는 것을 직업으로 가지고 있는 나의 경우는 노후에 하고 싶은 일 몇 가지를 이미 진행하고 있다.

그중의 하나는 거시적인 관점에서 나를 찾는 일에 매진해 보고자 탐구를 시작한 일이다. 이 일은 다양한 분야의 책을 읽고 생각하는 일이어서 연구하고 가르치는 것이 주 업무인 직업의 연장이 아니겠는가 생각할 수도 있다. 그러나 학문의 분야가 너무 커 자신의 전공을 벗어나면 전공을 하지 않은 사람들과 같이 문외한일 수밖에 없다. 그래도 같은 방법의 구사니 조금 더 쉽지 않을까 생각할 수 있지만 기존의 방법에 익숙해져 새로운 접근은 오히려 더 어려운 점이 많다. 마치 야구선수가 익숙하지 않은 펜싱을 하는 것과 같은 것이다.

한 가지 유리하다면 책을 읽는 일이다. 그러나 모든 사람이 글을 읽는 것은 자연스러운 일이므로 결국 유리한 면이 없다. 나를 찾는 거시적 관점이라면 우선 우주에 대해 알아야 한다.

그리고 지구의 형성과 기원, 인간의 생존과 진화뿐만 아니라 현대를 살고 있는 우리 인간에 대한 문제도 알아보아야 한다. 이러한 일은 다양한 분야의 과학적인 사실과 인문학적인 지식을 습득해야 한다. 거창한 계획 속에 실제 즐기는 일은 따로 있다. 책을 구입하는 일이다.

오래전 중고등학교 때부터 청계천 중고서점에 가서 책을 구하는 일은 흥미진진한 일이었다. 그 이유는 선생님들이 중고서적을 구해보는 일이 상당히 멋있는 일로 이야기하셨고 가끔은 비싼 희귀 서적 발견할 수 있다는 말씀에 고무된 것이다. 지금 생각하면 식견을 가진 선생님들도 쉽지 않은 일을 학생들에게 신나게 이야기하신 것이다. 그래서 수준이 높아 읽지 못하는 철학서적을 몇 권을 사는 무모함도 저질렀다. 어쨌든 그 덕분에 중고서점에 대한 향수가 남아있고 중고 책을 사서 보는 일은 자연스럽게 느껴진다.

지금은 새로운 개념의 중고서점이 생겨나고 있으며 인터넷으로 목록검색이 가능하다. 그리고 다소 차이가 있지만 신간을 파는 서점에서도 개인 판매자를 연결해 주기도 한다. 옛날처럼 연속으로 붙어 있는 헌 책 판매 서점을 찾아다니며 책 이름을 대는 번거로운 일도 사라지고 있다.

책이 너무 많이 출판되고 이에 따라 중고 책도 종류가 많아지는 요즈음은 그런 주먹구구식의 방법으로는 판매 영업을 할 수 없기 때문이다. 굳이 헌책을 사는 일은 옛날의 향수를 살리는 일이고 비용을 절감하는 일이다. 한 권 값으로 두세 권 정도를 살 수 있으니 어찌 안 좋을 수 있겠는가.

사실 더 큰 문제는 환경의 문제이다. 종이책을 만들기 위해서는 나무를 베어내야 된다. 결국, 산림 파괴이고 생태계의 훼손이다. 숲이 사라지면 대기 중에 이산화탄소의 양이 많아지고 지구 온난화 문제에 일조한다. 책 한 권 가지고 거창한 논리 같지만 그만큼 지구환경이 시급하다. 다음 단계는 구입한 책을 틈나는 대로 읽고 메모하는 일이다. 다양한 책을 읽게 되니 여러 전문 분야의 많은 사람의 생각을 읽게 되는 것이다.

책으로 많은 사람을 만나게 된다. 기억의 한계로 메모를 하면서 읽지 않으면 생각이 나지 않는다. 그렇게 해도 한참 지나면 잊어버린다. 그래도 읽어 나간다. 그래서 시간이 부족하다.

머리맡에 책을 두고 한밤중이나 새벽녘까지 읽는다. 누가 이기나 내기를 하는 것이다. 어느 순간에는 선택을 잘못했구나 하는 생각이 든다. 악기나 노래를 배우면 더 재미있는 일이 아닌가 하고. 그러나 나를 아는 일은 중요하다. 새로운 것이 아니라 이미 남이 정리해서 책으로 나온 내용이 아닌가. 그것을 이해한다면 내가 새로워진다. 전공이 아니라고 문외한이라고 또는 관심이 없다고 멀리할 일은 아니다.

책을 읽는 일은 짧은 시간에 많은 사람과 대화하는 일이다. 다른 이의 생각을 안다는 것은 나를 아는 지름길인 것이다. 이런 일을 통해 궁극적으로는 인간이 인간으로 산다는 의미가 무엇인지 알게 되는 일이다.

내가 누군가 아는 일의 지름길은 알고자 하는 열정을 가지고 책을 구해서 읽고 그 속에서 많은 이를 만나고 그들의 생각을 이해하는 일이다.

4

자연의 노래

우리는 본질적으로 외로운 존재다. 누구와 같이 있어도 외로움은 사라지지 않는다. 그저 외로운 존재라는 것을 아는 순간 외로움이 덜하거나 그 자체를 받아들일 수 있다. 한편으로는 저 아래 땅에 사람의 삶이라는 것이 단순한 생존의 행위에 불과하다는 생각도 하게 된다. 그 속에서 일어나는 온갖 갈등과 고민은 부질없는 것이다.

자연으로 떠나는 여행

여행을 떠나는 일은 즐거운 일이다. 여행은 여행을 계획하고 준비할 때가 제일 기대감이 크다. 그것은 유년 시절의 소풍과 일맥상통한다. 소풍 전날의 즐거운 기대감은 평상시에는 먹지 않던 과자나 과일 김밥 등에 대한 것이다. 또한 새로운 장소로 간다는 것에 대한 상상이다. 사람들은 누구나 자신이 익숙한 곳을 떠나 새로운 지역을 보고자 한다. 새로운 곳의 호기심은 중고등학교를 거쳐 청년기에도 계속된다. 신혼여행은 말해서 무엇 하랴. 사랑하는 사람과 떠나는 여행은 특별하다. 중년이나 노년도 말할 것이 없다. 오히려 노년에는 여행이 좀 더 길어지고 계획도 세부적으로 하게 된다.

여행도 이때쯤이면 정리가 필요하다. 다양한 여행 경험이 쌓이면 혼자 홀가분하게 떠나는 여행도 가능하다. 그러면 사람들은 왜 떠나는가. 그리고 무엇을 위하여 떠나는가. 곰곰이 생각해 볼 필요가 있다. 처음 떠나는 여행은 그저 떠난다는 사실 하나로 즐거울 수가 있다. 무엇을 보고 느끼고 하는 문제가 아니라 여행의 과정 자체가 의미가 있는 일이 된다. 여행에 익숙해진 다음에는 효율적인 여행을 위해서 자신의 취향에 맞는 테마 여행을 해보는 것이다.

예를 들면 가고자 하는 나라의 사람 사는 모습을 보거나 잠깐 그들의 생활 속에 들어갔다 오는 일이다. 방문하는 나라가 만들어 놓은 문화나 문명을 보러 가는 일도 주제별로 추진한다면 나름 의미가 커진다. 한 나라 문화의 축을 이루는 시대의 건축물들이나 국가의 역사적 유물을 볼 수 있는 박물관 등도 중요한 테마 여행이 될 수 있다.

그러나 많은 여행은 자연을 보러 가는 것이다, 자국과는 다른 형태의 자연을 보고 느끼러 가는 일이다. 모든 나라는 타국과는 다른 자연의 형태를 가지고 있다. 그러한 자연은 그들이 들어와 살기 전에 형성된 형태의 자연이다. 그 자연의 모습이 사람들에게 신비하고 아름답게 보인다면 사람들은 고생을 마다 않고 찾아갈 것이다. 이제 여행은 개인의 삶에서 주요한 일의 하나로 여겨지게 되었다. 문화를 위한 여행이든 도시를 보기 위한 여행이든 그것은 자연 위에서 이루어진 것을 보는 일이다.

국립공원 해변, 계곡, 강, 바다, 섬들도 자연이 만들어 놓은 것이다. 우리나라도 자연의 조건이라면 다른 나라 못지않은 형태나 경관을 가지고 있다. 그러면 자연이 우리에게 무엇을 주기에 그렇게 떠나고자 하는가. 그것은 아마도 오랜 시대를 거슬러 올라가 수만 세대 전의 조상의 행동에 있는 것이 아닌가 한다. 아프리카에서 출현한 조상들은 수백만 년 전부터 지구환경의 조건에 따라 이동을 시작했지만 이유는 단지 그것만이 아닌 것 같다. 호기심, 새로운 것에 대한 알고자 하는 마음이 작동하여 여러 지역으로 퍼져 나가게 된 것이라 생각한다. 이러한 호기심은 인류 출현 이후 오늘날까지 지속되고 앞으로도 그러할 것이다.

이와 같은 행위는 인류 문명 발전의 토대가 되었고 우리가 향유하고 있는 과학문명을 만들었다. 우리의 끝없는 호기심은 우리가 누구이며 어떻게 진화되어 온 종인지도 알게 되었다. 지금 이 순간에도 우리의 호기심은 작동되어 우주의 원리를 찾고 우리의 뇌의 구조를 분석하고 감정의 근원을 찾아보는 단계에 이르고 있다. 현재 우리의 호기심은 경이롭고 신비로운 지구를 보러 가는 것이며 그 자연을 보고 느끼면서 오래된 기억을 찾는 과정이라 할 수 있다. 우리가 지구의 여러 곳을 본다는 것은 우리 자신의 근원을 본다고 할 수 있다.

지구 자체가 자연인 이 땅과 바다는 수억 년을 통해 변해왔으며 그 속에서 우리는 출현해 생존해왔다. 바다와 숲과 나무들 초원들은 이미 오래전부터 우리에게 익숙한 환경이었다. 우리는 이러한 것에 그리움을 갖고 보기를 동경한다. 그것은 우리가 자연을 보면서 내가 누구인지를 어렴풋하게나마 느낄 수 있기 때문이다. 젊었던 1980년대 어느 해 미주여행에서 거대한 지구 위를 날아가는 비행기에서 끝없이 펼쳐지는 알래스카의 빙원을 보면서 느꼈던 외로움의 실체는 나의 존재 자체였다.

해외여행을 가기 위하여 타는 비행기의 비행시간은 그 자체로 거대한 자연을 알 수 있는 여행이다. 십 킬로 상공 구름 위에서 시속 팔백 킬로의 속도로 날아가는 자체가 위대한 여행인 것이다. 땅에서 난 인간이 지구 위를 날기 시작한 것은 겨우 백 이십 년 전이다. 이것 아주 중요한 일이다. 자기가 살고 있는 거대한 지구를 하늘에서 직접 보는 일은 대단한 경험일 것이다. 둥근 지구 위 바다 한가운데 수 킬로 상공을 날아가는 비행기에서 나는 자연의 거대함을 느끼는 동시에 나의 작고 작음의 확인한다. 특히 밤 비행기를 타고 갈 때 비행기 창 아래의 깜깜한 어둠 속에서 어쩌다 나타나났다 사라지는 마을 불빛은 차라리 지속된 어둠 속보다 외로움을 더해준다.

우리는 본질적으로 외로운 존재다. 누구와 같이 있어도 외로움은 사라지지 않는다. 그저 외로운 존재라는 것을 아는 순간

외로움이 덜하거나 그 자체를 받아들일 수 있다. 한편으로는 저 아래 땅에 사람의 삶이라는 것이 단순한 생존의 행위에 불과하다는 생각도 하게 된다. 그 속에서 일어나는 온갖 갈등과 고민은 부질없는 것이다. 육지에 내리기도 전에 이미 자연을 보고 느끼는 감정은 혼잡한 도시에서 아등바등 살아가는 한 개인의 삶을 정화해 주고 단순화시켜 준다. 야간 비행을 떠났던 생텍쥐페리도 그러했을 것이다. 그의 마지막 여행은 그가 때로는 즐겼던 외로움 속으로 사라진 것은 아닌지 생각해 보게 된다. 언젠가 태평양 해안의 바닷가에 한나절 앉아서 하염없이 밀려오는 파도를 바라보고 철썩이는 파도 소리를 들으면서 얼마나 오래전에 시작된 것인지 가늠해 보게 된다.

수십 억 년 전에도 파도는 소리를 내며 밀려왔다 밀려갔을 것이다. 이런 생각을 할 때 거대한 자연 속에 사는 나는 자연의 일부이며 자연과 하나 됨을 느끼는 계기가 된다. 아주 짧은 시간 안에 언젠가 나는 자연으로 돌아가리라. 그래서 살아 있는 이 순간이 얼마나 의미 있는 일인지 알게 되고 살아 있는 동안 순간순간을 보람되고 행복한 시간을 보내야 한다는 사실을 확인하게 된다. 여행은 우리에게 자신의 존재와 삶의 의미를 통찰할 수 있는 기회를 준다. 여행을 통해 자연의 경이로움을 알게 된다면 우리의 삶은 조금 더 겸손해지고 더 자유로워지지 않을까 생각한다.

별 볼일이 있다는 것은

해외에서 사업하는 친구가 망원경을 추천해 달라고 카톡을 통해 요청하였다. 코로나 여파로 도시에 있지 못하고 시골집으로 피신하여 스스로 격리하다 보니 무료해서 별을 보고 싶다는 것이다. 내가 망원경에 대해 잘 모르는 것을 알고 있었겠지만 한국에서 정보를 구하는 것이 수월하다고 생각한 것 같다. 덕분에 별에 대해 잊었던 감정이 살아난다. 한 평생을 먹고사는 일에 매진하다 보니 머리 위에 별들이 하루도 빠지지 않고 반짝이고 있다는 것을 까맣게 잊고 지낸 지 오래되었다. 언제나 별은 그곳에서 빛나고 있었다.

조상에 그 조상을 손꼽으며 육천 세대 정도 올라간다면 이십만 년 전 우리 현생인류의 시조에 도달하지 않을까 한다. 그러나 그 정도 가지고는 시작에 불과하다. 다시 수억 년을 거슬러 올라간다면 인간은 없고 공룡이 가끔씩 머리를 들어 밤하늘을 보곤 했을 과거에 도달한다. 여럿이 하늘을 쳐다보는 공룡들의 묘한 실루엣이 떠오른다. 그들은 각자 쳐다보는 것에 불과했을 것이다. 그러나 인간만이 밤에 동굴 밖에서 별을 보고 모여앉아 서로 이야기하기 시작했다. 그리고 뭔가를 생각하고 공감하였다. 수없이 지속된 이야기를 통해 오늘날 우리 호모 사피엔스는 별에 대해서 많은 것을 알고 있다. 적어도 학문적으로 그렇다.

그러나 별은 과학의 지식이 아니라 우리의 어린 시절의 기억과 마음속에 살아 있는 추억이다. 그리움을 가지고 향기와 함께 온다. 어쩌면 풀 냄새일 수도 있고 풋풋한 처녀의 향기일 수도 있다. 나의 경우는 강변에서의 물소리와 함께 온다. 초등학교 저학년 때 캠핑을 가서 제법 큰 강변에서 텐트를 치고 야영할 때 밤하늘을 올려 본 것이다. 깜깜한 밤하늘에 가득 찬 반짝이는 별들을 보면서 집 떠나온 외로움이 더해져 눈물이 났다. 더불어 흘러가는 강물 소리가 더 진해졌다.

지금도 어두운 밤하늘에 별을 보면 가슴이 먹먹해진다. 절대적인 인간의 외로움, 여기 지구에 혼자 있다는 고립감이다. 밤하늘의 별을 바라볼 때는 모두가 혼자되는 시간이다. 때론 지나온 삶이 주마등처럼 지나가고 잠시만이라도 가졌던 욕심이나 미련 미움 등이 소멸되는 시간일 수도 있다. 별 앞에서 순수해지는 것이다. 먼 여행을 하고 온 별빛을 눈에서 만나게 될 때는 그런 마음이 드는가 보다. 그때 별에게 이렇게 한마디 한다. "수고했네, 자네가 아니면 내 어떻게 사물을 알아보겠는가."

생명도 무생명도 아닌 코로나에 참담하게 당하고 있는 지금은 별을 관찰하기 위하여 탐사선을 보내는 시대이다. 이미 여러 우주선이 태양의 주위를 도는 지구 이외의 행성을 관찰하고 있다. 어느 탐사선은 태양계를 벗어나 긴 여행을 시작했다. 또한 우주에 망원경을 올려 그 망원경을 통해 전에 볼 수 없던 새로운 별들을 보고 있다. 셀 수 없이 무한한 은하의 별들을 자세히 보고 있는 시대이다.

그러나 평범한 우리는 과거와 같이 맨눈으로 하늘을 올려만 보아도 별에 대한 지식이 풍부해진다. 또한 20세기 초에 과학자들이 사용하던 것보다 뛰어난 아마추어용 작은 망원경으로 별들을 세부적으로 자세히 관찰할 수 있다. 그러한 과정을 통해서 별에 대한 지식뿐만 아니라 외로움을 넘어서 겸손함도 얻게 될 것 같다. 그리고 개인이 속한 세상일이 급하고 혼돈일 때 우주의 질서를 만들어 내는 저 거대한 세상을 바라보며 현실세계의 불편함은 티끌같이 가볍다는 생각에 위로가 될 것이다.

장기간 지속되는 코로나 시간으로 모든 인간들은 행동을 제한받고 이로 인해 답답하고 힘든 상황을 초래하고 있다. 대신

감성의 교류가 부족한 카톡 대화나 문자들의 교환이 늘고 있다. 행동이 제한적이고 고립된 상황에서는 별을 보는 시간을 많이 갖는 것이 필요하다. 굳은 마음을 유연하게 살려내고 감성을 깨워야 한다. 매일 보아도 질리지 않는 별, 사실 그 세상 속에는 다채로움이 있다. 과거와 현재와 미래가 있다. 별들도 생성과 소멸, 삶과 죽음이 존재한다.

그리고 새로운 탄생과 창조로 가득 차 있다. 우리가 별을 볼 때는 자기 자신을 인식하고 느끼는 시간이 된다. 그래서 마음이 편한 것이다. 별빛 건너 저편에 고향이 있는 것처럼 향수에 젖는다. 삶의 궁극적인 원점으로 돌아가는 일이 될 수도 있다. 오늘 밤이라도 한번 하늘을 올려다보자. 그리고 별을 보는 여행을 떠나보자. 산이나 숲에서 별을 보며 생각을 정리하면 답답한 마음이 한결 시원해질 것 같다.

은퇴생활의 전략

은퇴 이후 새로운 삶에 대한 다양한 방법들이 대중들에게 알려진 지도 벌써 이십여 년이 지났다. 은퇴가 사회적 이슈가 되고 방송 매체에서 은퇴한 사람들의 다양한 사례들을 발굴하여 보도하기 시작한 시점이 2000년대 초이다. 그때만 하더라도 1차 베이비부머 이전 세대들이 퇴직하는 시점이라 은퇴라는 용어에 그다지 익숙하지 않은 시절이었다. 당시 은퇴를 앞둔 사람들은 퇴직하면 나머지 시간을 그냥 지내다가 인생을 마감한다고 생각하였다.

은퇴에 대한 인식의 변화는 90년대 말 IMF 사태도 한몫 거들었다. 강제로 퇴직하게 된 사람들이 많아지면서 은퇴 아닌 은퇴 이후의 생활에 대해 관심이 집중되었다. 이와 같이 은퇴에 대한 사회적 조명 덕분에 퇴직 후에도 다시 의미 있는 무엇을 해야 된다는 생각이 커지게 되었다. 초기에는 단순히 귀농 귀촌이나 해외 은퇴 이민 등 노후설계 단계에서 지금은 비교적 젊은 나이에 자발적으로 조기에 은퇴하고 힐링 차원의 일과 삶을 추구하는 확장된 단계까지 발전하였다.

은퇴생활의 중요한 점은 무엇인가. 은퇴 이후의 삶의 방향이 어떠한가 하는 점이다. 은퇴 후 새로운 일을 계속하면서 돈을 버는 생활을 추구하거나 금전보다는 하고 싶은 것을 해보면서 지내는 방법이 있다. 선택은 개인의 사정이나 선호도에 따라 방향이 다를 수 있다. 어느 것이 좋은지는 개인의 결정이다. 이상적인 은퇴 생활의 한 방법으로 이전 일의 경험을 살려 사회에 재능 기부를 한다거나 국내외를 여행하면서 노후를 여유롭게 보내는 방법이 있다.

그러나 현실은 각박하다. 은퇴 후 시간은 많지만 은퇴를 했다고 생활비가 줄어드는 것아 아니고 오히려 목돈이 들어가는 일만 있는 경우가 많다. 자녀의 교육에 지원이 필요하고 결혼까지 도와준다면 그 비용을 충당하기 위해 더 많은 수입이 있어야 한다. 그러한 문제가 해결되었다고 하더라도 생활비는 만만치 않다. 아무 소득 없이 지내기는 여러모로 버겁다. 많은 사람들이 연금이 없거나 적기 때문이다. 매스컴에서 부부나 일인의 생활비가 얼마 필요하다는 수치는 모두를 우울하게 한다.

그럼에도 불구하고 누구에게나 은퇴의 시점은 다가온다. 직장이든 자영업이든 프리랜서든 나이가 들어감에 따라 전성기를 지나면 내리막이라 할 수 있다. 체력이나 정신이 따라주지 못하기 때문이다. 어느 나이에 이르면 사회에서 경제 활동은 불가능하게 된다.

노인으로 간주되는 65세 전후가 이 시기로 은퇴의 기점이라 생각한다. 대부분의 경우 기존의 일을 가지고 최대한 버티다가 어쩔 수 없이 원치 않는 은퇴를 하게 된다. 그러다 보니 은퇴시점을 설정하고 은퇴계획을 세울 수 있는 사람은 극소수에 불과하다. 많은 이들이 소외되지 않고 참여 가능한 은퇴계획은 없는 것일까. 쉽지는 않지만 방법은 있다. 그 답은 은퇴의 연착륙 방안이다. 자기 삶의 큰 틀을 세우고 은퇴 후의 일들을 미리 기획하고 준비하는 일이다. 그리고 필요시 배울 것이 있으면 배워 보는 일이다. 현역으로 있으면서 준비를 해야 여유롭다. 방향을 설정하고 구체적으로 할 일들을 정하면 은퇴가 쉬워진다. 많은 이들이 은퇴 후 어려워지는 것은 미리 무엇을 할지 정하지 않았기 때문에 이 일 저 일 하다가 금전적 손해를 보고 시간을 낭비하기 때문이다.

은퇴 이후의 삶은 자기가 하고 싶었던 일을 하는 시간이다. 그 이전의 생활이 경제활동을 통해 가족을 부양하는 것이었다면 은퇴 시기에는 스스로 꿈꾸어 오던 일들을 수행하는 것이다.

여기서 중요한 점은 그런 일들이라도 부차적으로 경제 활동이 가능하다는 점이다. 두 마리 토끼를 잡는 방안을 모색해야 나름 만족도가 커질 것이다. 은퇴 준비에 금전적으로 많은 비용이 드는 것은 아니다. 오히려 준비 시간이 문제이다. 미리 생각하고 시간을 내어 실천하는 일이 은퇴 설계의 성공 열쇠이다. 사람들은 은퇴를 하면 시간이 많아 여유롭고 한가할 것이라 생각한다. 그러나 그렇게 되기 쉽지 않다. 정해진 일이 없다면 결과 없이 바쁘기만 할 것이다.

더욱이 체력은 예전만 못하고 기억력도 마찬가지다. 나이가 들수록 기저질환의 숫자도 늘어만 가고 중병의 가능성은 커진다. 젊은 시절과 비교해 같은 시간이 주어졌어도 일의 성과는 반에도 못 미친다. 여러모로 불리한 상황이다. 인간 수명 백 세 시대에 삼사십 년을 어떻게 보내느냐 하는 말들은 가능할 수 있지만 다소 과장된 것이라 생각한다. 생각보다 일찍 지병 등으로 은퇴의 시간이 중단되는 불행을 겪을 수도 있다. 불확실한 미래를 감안하여 하루라도 먼저 결정된 것을 준비하고 연마해야 한다. 준비 시간이 많을수록 은퇴의 연착륙은 가볍고 쉽다. 그렇게 하면 은퇴 후 후회하지 않는 노후를 보낼 수 있다.

지나간 일 년 반 동안 코로나로 많은 사람들이 고통을 받고 있다. 현재도 진행 중이다. 방역을 위하여 스스로 생활을 규제하다 보니 모든 일들이 계획대로 되지 않고 미루는 시간만 길어져만 간다. 마지막 남은 노후의 시간은 하루하루가 중요하다. 일도 때가 있으니 몇 년을 허송세월한다면 그만큼 보충되지 않는다. 어려운 여건에도 불구하고 준비된 모든 일은 차분하게 진행할 필요가 있다. 그리고 마음 편히 먹고 기다려야 한다. 이러한 과정도 한 인생에서 마주쳐야 하는 엄중한 현실이기 때문이다.

은퇴생활 일 년 차

은퇴를 한다는 것이 현실로 다가왔다. 가야 할 직장도 연구실도 없다는 것이 무언가 이상하다. 더 이상해지는 것은 늘 마주치면서 인사하고 만나서 점심을 먹으러 다니던 동료들이 사라진 일이다. 대학 구내 카페에 가서 혼자 차를 음미하며 뭔가를 생각할 수도 없고 그곳에서 시간을 보내다 보면 다른 이들과 조우하고 다양한 이야기를 나눌 수 있는 기회도 사라져 버린 것이다. 물론 지금 이 순간에도 내가 익숙한 장소들은 원래 모습 그대로 같은 장면을 연출하고 있을 것이다. 단지 내가 없을 뿐이고 모든 일은 늘 했던 대로 돌아가고 있을 것이다. 학생도 없고 수업도 사라졌다. 어쩌다 참석하던 외부평가나 면접 의뢰도 사라졌다.

퇴직한 지 모르고 사업평가를 부탁하던 전화를 한 통 받고 사실을 고백하니 뭔가 기분이 묘하다.

가끔은 교내에서 개최되는 대내외 행사에 흥미를 가지고 참여하던 일도 사라졌다. 지역의 문화행사나 문학회 등 다양한 모임도 사라졌다. 정말 중요한 일은 인간관계가 사라진 일이다. 대부분은 대학이라는 틀 안에서 움직여지던 관계이다. 그렇다고 모든 것이 사무적인 관계만은 아니다. 전공 관련 관계 선후배 관계 동료들 관계가 어느 날 단칼에 단절된 것이다. 대학사회가 자기연구와 제 할 일만 하다 보니 인간관계가 약하다 할 수 있다. 그렇다고 기업이나 다른 조직보다 못한 것은 아니다. 학교사회도 엄연한 조직이며 행정체계는 상하관계와 위계체계가 존재한다. 하지만 대부분 행정사무직과 보직 교수들에 해당한다. 아무래도 학교는 영리를 목적으로 하는 기업과는 그 방향성과 움직임이 다르다.

대학은 기업보다는 자유로운 분위기로 수직적인 기업의 관계보다 수평적 관계가 많다고 할 수 있다. 분야별 관심별 타과 교수와의 공동 과제를 위한 교류가 활발하고 학생들도 강의 이외에도 끊임없이 진로나 취업 상담, 동아리 모임 지도 등으로 연결된다. 대부분의 교수들은 자신의 연구와 교육에 매진하다 보면 주변의 일로부터 비교적 자유롭다. 요즈음은 학문도 융합의 시대라 타 분야의 사람과도 정보를 주고받아야 한다. 이런 과정을 통해 수평적 교류가 이루어진다. 결국 자신의 행동반경은 자신이 어떠한 관심을 갖고 행동하느냐에 달린 것 같다. 교류를 되도록 멀리하면서 주어진 강의나 연구에만 몰두하는 사람이 있는가 하면 학내 많은 문제에 관여하고 적극적 의견을 가지고 활동하는 사람들도 있다.

어차피 관계는 주요한 일을 매개로 이루어지는 경우가 많다. 일이 사라지면 대부분의 경우 관계도 사라진다. 자연스런 사회의 속성이다. 문제는 직장을 옮기거나 다른 일을 하게 되는 경우는 이러한 상실감이 많지 않을 것이다. 그 어느 시점에서 하던 일이 마지막이 되었을 때 그러한 감정이 큰 것 같다. 그것은 참 복잡한 심경이다. 커다란 흐름에서 밀려나서 멀찌감치 서서 있던 곳의 흐름을 바라보는 느낌인 것이다. 어찌 보면 당연한 일임에도 불구하고 스스로는 자연스럽지 않다. 당장은 뭔가 맞지 않는 옷을 입고 있는 느낌이다.

사실 단절을 크게 한 것은 코로나 세상이다. 움직임이 제한되고 감염의 위험이 있으니 혹여 조심하는 일이 단절감에 일조하고 있는 것이다. 작년부터 비대면 활동이 많아지다 보니 부자연스런 일상이 계속되고 있었던 것이다. 더욱이 약하게 이어지던 관계망이 퇴직과 더불어 소멸해 버린 것이다. 그나마 퇴직 후 유사한 분야에서 강의를 하던지 자원봉사를 하는 것이 아니라 귀촌하여 농사를 짓는다고 생각하고 금년 한 해 그렇게 하고 있으니 아주 좁은 반경으로 들어온 느낌이다. 하다못해 지역 농업센터에서 하는 농업 관련 교육도 제대로 진행이 안 되다 보니 정보나 교류가 많지 않다. 은퇴와 코로나 세상이 겹쳐버려 길거리에 널브러진 공기 빠진 광고 튜브같이 되었다고 하면 좋은 비유가 될 것이다. 농사일이라 한가로이 전원생활을 즐긴다고 할 수 없다. 절기에 맞추어 해야 되는 일이 있다. 그러나 계획처럼 이루어지는 일은 거의 없다. 비가 온다든지 해서 정해진 일정이 무력화된다.

잡초와의 전쟁 또한 무시 못 할 일이다. 감귤나무를 재배하다 보니 일 년 단위로 작물을 심고 거두는 과정이 아니다. 그렇다 하더라도 초봄부터 하는 일은 순서가 있다. 전정 비료 농약 등 일반적인 것 이외에도 상시 변수에 가슴 졸여야 한다. 그해 유행하는 병충해나 일조량의 부족 가뭄 장마 폭풍 등의 영향들이다. 마지막으로 과실이 열리고 나면 품질에 걱정해야 되고 소출해서 팔아야 하는 문제에 봉착한다. 나의 경우는 투입된 영농비를 건질 수 있는지가 큰 과제이다.

이제는 인간관계에서 자연과의 관계로 전환된 것 같다. 갑작스레 변화된 관계는 뭔가 서먹하고 어색하다. 몇 년 전부터 왔다 갔다 하면서 한 발치 멀리 서서 하던 일들이 전업이 되다 보니 관계가 달라지고 있다. 보는 눈이 달라지고 고민이 많아진다. 뭐든 깊은 관계는 생각할 것이 많다. 자칭 은퇴전문가인

데 전환 적응이 쉽지 않다. 코로나 시국이 아니면 은퇴 강사를 겸임하여 나섰을 것이다. 적어도 전문 강사교육도 수료했고 충분히 강의할 수 있는 공부와 경험도 보유했다. 물론 대학의 전공은 아니다. 단지 살아온 경험의 정리와 꾸준한 공부를 한 덕분에 가능한 것이다.

은퇴 후 일 년이 마무리 단계에 접어들고 있다. 일 년의 평가가 필요한 시점이 도래한다. 누가 보고해 달라는 것도 아닌데 초조해지는 느낌이다. 내년 3월부터 농사철이 시작되면 또 같은 일들이 순차적으로 기다린다. 사실 대학의 학기도 마찬가지다. 봄학기가 시작되고 중간고사와 기말고사 성적평가로 한 학기가 끝이 나고 방학을 거쳐 가을학기가 시작된다. 모든 일이 반복을 거듭하는 일이지만 자연과의 대면이 더 어렵다. 일단은 평가전까지 마지막 농사 마무리를 하고 모든 관계설정을 재정립하는 것이 필요하다.

자연과의 관계는 새로운 것이 아니라 이미 그 속에서 나고 살고 다시 돌아가는 과정이기에 경외하는 마음가짐을 다져 보는 일이 될 것이다. 필수적인 것은 사회적으로 단절된 인간관계의 회복일 것이다. 그러한 관계가 정상으로 작동한다면 위축된 마음이 펴질 것이고 생각해 오던 일들이 농사와 더불어 추진될 것이다. 관계회복에 도움이 될 코로나 시국이 물러가기를 간절히 기원한다.

잡초를 뽑으며

농사일 중에 쉽지 않은 일이 잡초를 제거하는 일이다. 이 일은 단순하지만 반복적이다. 완전한 제거가 어려워 주기적으로 일을 해야 한다. 많은 농부들은 제초제를 뿌려 잡초를 잡는 것이 최선이라고 말한다. 그러나 제초제를 뿌리는 일도 자주해야 잡초를 잡을 수 있다. 잘 관리된 밭이나 논 과수원 등에서는 잡초를 별로 볼 수 없다. 경작 작물을 제외하고 풀 하나 없는 맨땅을 많이 볼 수 있다는 뜻이다. 그러한 땅은 제초제로 관리가 잘 된 밭이다. 그러나 제초제는 뿌리는 사람이나 토양이나 작물들에게 좋을 리 없다. 어떤 방법이든 잡초를 제거하는 일은 불가능하다.

그러면 왜 굳이 잡초를 제거해야 하는지 그 이유를

생각해 보아야 한다. 목적한 작물을 보호하고 좋은 결실을 얻기 위해서 잡초를 제거한다. 자칫하면 잡초로 뒤덮여 작물이 자라지 못하고 비료나 영양제를 주었을 때 그 효과가 크게 감소할 뿐만 아니라 순서대로 오는 일을 어렵게 만들기 때문이다. 이와 더불어 잡초로 뒤덮인 경작지는 무엇인가 산만하여 정리가 안 된 것 같고 이를 관리하는 농부는 게으르고 불성실하게 보인다는 점이다.

제초제를 쓰지 않고 풀을 제거하는 방법도 여러 가지이다. 그중 하나가 아예 필요한 풀을 기르는 방법이다. 초생재배라 하여 토끼풀 헤어리베치 자운영 등을 심어 필요 없는 잡초를 억제하는 방법이다. 또한 잘라낸 풀을 그대로 두면 썩어 땅속으로 순환되면서 토양을 보존하고 지력을 높이는 장점이 있다. 콩과식물을 심어 질소를 자체 공급하거나 유기물이 풍부한 호밀이나 청보리를 심어 땅의 영양을 풍부하게 할 수도 있다.

사실 나의 입장에서는 토끼풀 정도의 풀이라면 아주 좋겠다는 생각이다. 의도적으로 심어서 자라든 자생으로 나든 큰 문제 될 것이 없다. 키 높이가 크지 않아 과수에 지장이 없고 밭이 녹색으로 된다면 보기도 좋으니 금상첨화이다. 주변 사람들은 수긍을 안 하겠지만 나의 입장에서는 자연과 적당하게 타협한 생각이다. 나쁘지만은 않다. 오히려 최선의 선택이다. 그렇게 된다면 주기적인 예초도 필요 없다. 뿌리가 깊지 않고 키가 작은 풀은 손댈 필요가 없기 때문이다. 그러나 자연의 현상이 인간의 희망대로 될 리 만무하다. 매년 잡초의 지배종이 바뀌지며 밭을 무성하게 만들기 때문이다. 현실은 무슨 장비든 잡고 일을 해야 하는 상황이다.

키가 상당히 커지는 엉겅퀴는 4월인데도 제거하기가 쉽지 않다. 뿌리를 깊이 내리고 있어 빼내기도 쉽지 않다. 굳이 뿌리까지 제거해야 되느냐 하지만 그렇게 하지 않으면 다음 해에 그 뿌리에서 또 억세게 자라 제거하기 어렵다. 이외에도 배추같이 커지는 소루쟁이와 위로 솟아오르는 뽀리뱅이와 망초가 있다. 그리고 매년 이십여 가지 잡초들 중 네댓 개 종류가 번갈아 가면서 주종을 이루어 땅에서 솟구쳐 오른다. 제거하고 제거해도 계속 무엇이든 계속 올라온다.

그러면 다른 방법은 없을까. 제초제 이외에도 잡초매트를 까는 경우도 있고 심지어 작은 농토인 경우는 토치로 잡초를 지지는 일도 있다. 적당한 선에서 만족하지 않으면 다 소용없는 일이다. 땅은 씨앗의 보고이기 때문이다. 산불이 나야 씨가 터져 발아하는 식물도 있다 하니 그 생명력에 경외감이 든다. 제초제가 모든 풀을 잡을 것 같지만 착각이다. 오히려 땅속의 미생물이나 각종 이로운 곤충과 생명체를 죽이는 일이 된다.

잡초의 제거가 문제가 되다 보니 농가에는 잡초 제거용 다양한 장비를 보유하고 있다. 그 이유는 간단하다. 한 가지 장비로 만족한 결과를 얻을 수 없으니 계속해서 새로운 장비를 구하는 것이다. 그래서 이것저것 사서 사용하다 보면 장비가 자연스럽게 많아진다.

나는 충전 밧데리 예초기와 휘발유를 사용하는 비자주식 예초기를 사놓고 거의 쓰지 않는다. 돌이 많다 보니 칼날을 사용하기에는 위험하고 줄은 효율이 떨어지고 자주 긴 풀이 감기는 일이 많다. 사용하는 사람의 기술도 초보이다. 제일 쉬운 방법은 일정 높이 이상으로 키가 커진 잡초를 긴 삼각형 머리를 가진 곡괭이로 파내거나 잘라내는 일이다. 친환경적이다. 삼각형 꼭지로 땅을 찍어 파내면 아주 효율적이다. 장비도 국산이라 튼튼하다. 삼각형 옆면으로는 긁어내기도 가능하니 적합한 장비이다. 안전하게 작업하는 일에 도움이 된다. 농기구 사용 시 안전사고가 생각보다 많이 일어난다. 풀이 우거지더라도 안전을 최우선으로 해야 한다.

은퇴 후 어쩌다 농사를 짓다 보니 모르는 것이 한두 가지가 아니다. 남들은 쉽게 하는 일을 잘 못하면서 돌이 많아서 위험하니 풀이 문제니 하고 자연의 탓으로 돌리고 있다. 좋은 조건의 밭이라도 실력이 부족하여 전문농부처럼 하지 못할 것이다. 잘하는 이는 묵묵하게 시간에 맞추어 일을 한다. 결실도 좋다. 농사는 전문지식과 숙련이 필요한 기술노동이다. 아직 농사의 개론에도 못 들어가고 잡초문제로 고민하고 있으니 갈 길이 멀다. 체력적으로도 농사지을 시간이 많지 않다는 것을 실감하고 있지만 정해진 끝이 있겠는가. 부질없는 곡괭이질도 쉬엄쉬엄할 요량이다. 어엿한 이름을 갖고 있으며 아름다운 꽃을 피우고 약용으로도 사용되는 식물을 잡초라 부르며 찍어내는 일은 아무래도 양심에 찔리기 때문이다.

은퇴생활의 즐거움

일이 중요한 것은 어느 하나의 일에서 끊임없이 새롭게 할 일이 만들어지기 때문이다. 일이 가진 의미의 경중을 떠나 일상에서 일이 없으면 정신적 공백 상태를 맞게 된다. 은퇴 후에 사람들이 당황하게 되는 것은 그동안 별로 의식하지 못하고 일상처럼 해 오던 일이 사라졌기 때문이다. 일을 할 때는 일이 많아 휴식이 필요하다든가 일이 없으면 좋겠다고 생각한다. 그러나 막상 일이 없으면 무엇을 해야 하는지 당황하게 된다. 흔히 일에서 벗어나 놀러 다니면서 인생을 즐기는 것을 원하지만 놀러 다니는 것 역시 하나의 일로 볼 수 있다.

노는 일을 수행하기 위해서는 계획이 필요하다. 자신이 스스로 정해서 혼자 하는 일은 대부분 상대가 없고 구속력이 약하다. 창의적인 사람은 계획에 맞추어 즐기게 되겠지만 대부분의 사람들은 어디서부터 시작해야 하는지가 고민하다 시간만 소비할 것이다. 그러다 보면 노는 일을 포기하고 아무것도 안 하는 시간을 보낼 것이다. 멍때리는 시간 하고는 차이가 있다. 활동하는 것이 본능인 사람들이 아무것도 안 하고 있다면 그 또한 참기 어려울 것이다. 주어진 시간이 많아 선택의 폭이 무한하다 보면 오히려 계획하고 결정하는 일들이 스트레스이다. 한 참 바쁘게 일하다 잠깐 놀거나 휴식의 시간이 거의 없는 사람들은 무슨 한가한 소리인가 말할지 모른다. 하지만 그런 기회가 주어지면 누구나 고민할 수밖에 없는 사항이다. 일하는 것 노는 것 그리고 쉬는 것의 묘한 관계이다.

아마도 은퇴한 이들에게 다시 일이 주어진다면 대부분 일을 하려 할 것이다. 우선 무한으로 주어지는 시간에 부담을 느껴서 그럴 것이다. 그리고 어느 정도 상황에 자신을 맡겨버리는 것이 마음이 편할 수 있기 때문이다. 그만큼 선택의 문제가 줄어들고 외로움 속에서 관계 형성에 고민하지 않아도 된다. 일주일에 하루나 이틀 일하면서 나머지를 쉬는 일도 일속에서 쉬는 것이기 때문에 즐거움이 있다.

일의 중요성은 또 하나 있다. 생계비와 놀 수 있는 비용을 벌 수 있는 것이다. 은퇴 후 연금이나 그동안 벌어놓은 돈으로 살아가는 사람은 전체적으로 드물다. 대부분 은퇴자들은 수입이

있는 일이 필요하다. 미국만 하더라도 은퇴가 없는 직장이 많다. 본인들이 원할 때까지 일을 한다. 물론 직종에 따라 다를 것이다. 내가 만나 본 미국 기관의 사람은 70세가 넘었는데도 은퇴하지 않고 일하는 생활을 즐기고 있었다.

우리나라에서는 젊은이들이 한 직장에 자리 잡지 못하는 계약직이나 임시직이 많은데 정책적 재고가 필요한 할 사항이다. 오히려 나이든 이들이 은퇴 후 계약직이나 임시직으로 일을 해야 할 것이다. 여러 가지 필수적인 사회의 복지예산을 유지하기 위해 정년을 연장해야 한다는 이야기가 많다. 어떤 형태이든 일자리 창출이 필요하다. 한때 노인들에게 동네청소나 쓰레기 줍기 등의 일자리를 만드는 경우가 있었는데 취약층 노인을 대상으로 한 것이다.

그런 일들보다 전문화된 일자리들이 필요하다. 현실은 단기 일자리라도 구하기 어려운 형편이다. 그렇다면 은퇴한 개인들은 스스로 일자리를 만들어야 한다. 좀 더 정확히 하자면 자기 일을 만들어야 하는 것이다. 돈을 쓰는 일보다는 안 쓰는 일을 만들어야 한다. 그리고 일을 하는 과정에서 잘 놀고 쉬는 일이 중요하다.

나는 어쩌다 농사일을 선택하게 되었는데 돈을 벌지는 못하고 운영비도 못 건지는 일을 하고 있다. 그나마도 쉽지 않다. 수익을 내는 방법을 모르는 것은 아니고 그런 선택을 하지 않을 뿐이다. 농사일도 투자가 필요하고 투자금액에 따라 관리하는 일도 늘어난다. 투자금의 회수도 미지수이다. 자칫 일만 있는 일상이 되기 쉽기 때문에 나서지 않는다. 노화를 생각하면 몇 년 안에 육체적으로도 감당이 안 될 것으로 생각한다. 농사도 나이가 있다. 가끔은 직접 이웃농장에서 비싼 과일들을 사 먹으면서 수익성 좋을 것이라 생각한다. 남 따라 재배를 해볼까 하다가 싱싱한 과일을 사 먹는 데 만족한다. 그리고 농사 이외에 주어진 시간들에 대해 무엇을 할 것인가 고민한다.

우선 문학을 하는 일은 지속한다. 전문분야이므로 온 시간을 사용하여도 끝이 없다. 그러나 적당하게 하려 한다. 그냥 놀고 쉬는 시간을 확보하려고 노력한다. 생각할수록 읽어야 될 책이 많고 다시 들여다볼 분야들이 많다. 기억에 남지 않으니 더하다. 혼자서 고군분투하고 있는 것이다. 자기만족의 길이 이리 험하다니 탄식해보면서 고행순례자 흉내를 내본다. 참으로 낯간지러운 자기만족형이다.

비 오거나 눈 오는 날을 빼고는 주위를 나가본다. 걸어서 가면 좋지만 작은 섬도 아니니 우선 차로 움직인다. 이곳 제주에서 나이 든 사람들은 제주에서 서귀포 가는 것을 부담스러운 큰일로 생각한다. 아마 옛날에 교통이 불편했던 기억 때문에 그럴 것이다. 섬에 살다 보면 행동반경이 좁아진다. 주로 면지역 범위를 벗어나지 못한다. 제주시에 가는 일도 드물다. 병원이나 대형마트와 문학관 가는 일을 빼고는 구경 갈 때 지나가는 정도이다. 제주에서는 언제라도 눈을 돌리면 멀리 한라산과 오름을 바라볼 수 있어 좋다. 오름 능선의 곡선은 눈이 아픈 아름다움이다. 한라산은 거기 있음을 알지만 매일 볼 수 없다. 대부분 구름에 가려있기 때문이다. 그런 풍광들은 보고 다시 보아도 아름답다. 이와 더불어 수시로 변하는 하늘의 경광을 보는 일은 경탄할 지경이다. 바닷가 해안도로를 천천히 지나가서 바다를 보는 일도 좋은 구경이다. 거대한 잠재적인 힘이 느껴진다. 하늘과 맞닿은 지평선의 아련함은 눈물이 난다. 지역마다 날짜 다르게 열리는 오일장에 가는 일은 즐겁다. 그다지 싸지는 않지만 뭐든지 싱싱하다는 매력이 있다.

그러나 농사일에 마음의 여유가 잘 나지 않는다. 그나마 밭에서 일해도 한라산이 보이니 다행이다. 과수원에서는 조그만 일이라도 반나절 걸리므로 피곤해진다. 하루가 짧다는 것을 점점 실감하는 시간들이다. 관광객들이 제주에 오면 짧은 시간에 많은 것을 보기 위하여 부지런하게 다니게 된다. 그러나 살다보니 언제나 가능한 일이라는 생각에 조급하지 않다. 그래서 별로 멀리 가지 않는다. 게을러진 것인지 느리게 살게 된 것인지 애매하다. 그럼 문학적 시상이라도 떠올라야 하는데 깜깜하다. 좌충우돌의 시간이 정착되기에는 얼마나 걸릴지 마음만 또 급해진다.

시인과 농부

대학을 정년퇴직하고 제주도에 내려와 농사를 본격적으로 시작했다. 내가 재배하는 과실의 품목은 노지감귤이다. 이전에도 자주 와서 농사일을 하였지만 사계절을 지키면서 있는 것은 몇 년 되지 않는다. 퇴직 전에도 코로나 덕분에 강의가 비대면 온라인으로 대체되어 비교적 오래 농사현장을 지킬 수 있었다. 단지 몇 달이 소요되는 야채 농사와는 달리 과실 농사라 소출을 위해서는 일 년이 걸리지만 매일 지켜볼 필요는 없는 장점이 있다.

노지 감귤재배는 제주도 감귤 농사의 90%를 차지하나 차츰 비율이 떨어지고 있다. 겨울철 다른 과일의 출하로 감귤 소비가 줄어 결과적으로 과잉생산이 된다.

노지 감귤의 상품성 개선을 위해 과밀하게 식재된 나무를 간벌 작업을 하거나 접붙이기 작업을 통해 품질을 향상시키라고 주위에서 이야기한다. 또한 당도나 크기 규격을 제한해서 비상품 물량이 도외로 반출되는 것을 막아 감귤 값을 유지하려 노력한다. 겨울철 계절과일이 귤 외에는 없을 때 제값을 받았지만 지금은 각종 과일이 수입되어 들어오는 상황에서 귤 농사가 살아나기 어렵다. 제주도 내에서도 겨울철에 딸기가 나오는 상황이니 귤의 소비는 계속 줄어 들것이다. 감귤 농사로 자식들을 대학에 보냈다는 것은 오래된 이야기이다.

이런 와중에 재빠르게 품종을 개선하고 하우스재배로 돌린 농부들만이 농사로서 수입을 올릴 수 있다. 하우스 농사는 기술적으로 관리해야 될 부분이 많아 거의 매일 한두 번씩은 현장을 지켜봐야 한다. 더 발전된 스마트농법으로는 모바일 폰으로 하우스 전체가 제어되고 실시간으로 지켜볼 수 있어 현장에 없어도 된다.

요즈음은 망고나 바나나 등의 열대작물을 재배해야 고부가 가치로 팔 수 있다. 귤도 품종이 개량된 레드향이나 천혜향 한라봉 등을 하우스에서 재배해야 제대로 된 농사의 결실을 맛볼 수 있다. 최근에는 대표적인 만감류인 한라봉이 순위에서 밀리고 있는데 하우스재배가 늘어 생산량이 많아지기 때문이다. 흔하게 되면 그만큼 대접받기 어렵다.

노지재배는 수익을 내기가 어렵다. 수익이 나려면 노하우와 경험 없이는 불가능한 이야기이다. 총매출에 해당하는 조수입은 절반 정도가 경비로 나간다. 그러니까 천만 원 매출이 있다면 오백만 원 정도가 실수입이란 뜻이다. 여기에 노동력의 인건비는 포함되지 않는다. 수익성이 떨어지는 노지과원을 운영하는 농부들은 폐원을 하거나 임대로 전환한다. 나이가 들어 운영이 어려워 그렇게 하는 경우도 많다. 결론적으로 나는 농부라 이야기할 수 없다. 매년 재배해서 판매하는 일로 채산성을 맞추기에 급급하다. 수익 없는 초보 농부에서 그칠 것이고 몇 년 뒤에는 그만두어야 할 것이다. 주위에서 나의 농사를 지켜보고 이미 결론을 내리고 있다. 그냥 퇴직 후에 농사를 짓다가 얼마 못 가 손을 들 것이라는 생각들이다. 그리고 농사로 먹고사는 사람이 아니라는 것으로 판단한다.

농사일 이외에는 시를 쓰는 일이다. 그러나 시인이라 말하기엔 뭔가 낯 간지러운 일이다. 너무 늦게 시작했기 때문이다. 그러나 어떤 일이든 시작하는 일이 중요하다. 언제 시작해야 한다고 정해진 때가 있는 것이 아닌 이상 지금의 전개 상황을 굳이 부정할 필요는 없을 것 같다. 우선 등단한 지 벌써 7년이 지나가고 있고 4개의 계간지와 2개의 월간지에 시 시조 동시 수필의 창작품을 게재하고 있다. 이미 시와 시조집을 출간했으니 기본은 되는 셈이다.

문학인으로서 중요한 일은 등단 이후 꾸준하게 창작활동을 하는 것이다. 창작을 위해서는 새로운 눈을 가지고 많이 생각하고 습작하는 일이 필요하다. 이외에도 다른 시인들의 시를 읽어 감상해 보고 평론가의 평론집을 읽어 창작의 핵심 포인트를 찾는 일도 중요하다. 끊임없는 공부가 필요한 것이 문학이다. 어디 가서 배우는 것도 중요하지만 스스로 공부하는 것이 더 중요하다. 단지 공부뿐만 아니다. 문인들은 물론이고 다양한 삶을 사는 사람들과의 교류도 중요하다. 그리고 자연 속에서 살며 느끼는 감정을 글로 써보는 일은 필수적이다. 문학이란 것이 나와 타인 그리고 자연과 우주와의 소통을 글로써 나타내는 작업이기 때문이다.

시인과 농부 하면 시골에서 자연을 바탕으로 살면서 농사짓고 여유 있게 창작할 수 있는 사람으로 생각하는데 쉽지 않은 일이다. 단지 그런 이미지가 대중매체를 통해 널리 각인되어 있을 뿐이다. 농사가 주가 되면 농사일에 치여 시 창작이 어렵고 시가 주가 되면 농사일이 쉽지 않다. 물론 열심히 농사를 짓고 시도 잘 쓰는 사람도 간혹 있다. 능력이 대단한 작가일 것이다. 한 번에 두세 개를 하는 능력이 있다면 좋겠지만 나의 경우는 불가능하다. 언젠가는 적응되어 두 분야를 잘할 수도 있을지 모른다. 차차 두고 볼 일이다. 미리 예측해 본다면 농사는 육체적인 힘이 들어 시를 쓰는 일보다 먼저 종료될 것이다.

그렇다고 시가 농사보다 힘이 덜 드는 것은 아니다. 단지 육체적인 힘보다는 생각하는 힘이 더 필요할 뿐이다. 시도 수필도 잘 써지지 않을 때가 많다. 다만 어느 일이건 최선을 다하는 것이 남은 시간을 효율적으로 보내는 일이 될 것이다.

길 떠나는 김삿갓

김삿갓이 길을 떠나는 것을 상상해본다. 저 먼 산길을 휘감아 걸어 저녁노을 가득한 고개를 넘어간다. 영화의 한 컷처럼 고독한 뒷모습이 느껴진다. 외로운 발걸음이 어느 마을에 잘 도착할 수 있는지 그날 밤 먹고 잘 곳이 있는지 걱정이 된다. 빈한한 조선 백성들의 생활에서 문전걸식이 가능했는지 의구심이 든다. 간혹 지방의 양반들이 집을 개방하고 과객을 마다하지 않았다지만 과연 그런 집이 얼마나 존재했는지 알 수 없다. 김삿갓의 행적에서 관심을 끄는 것은 풍류와 떠남이다. 특히 남자들에게는 하나의 동경의 대상일 수도 있다. 실제 김삿갓의 사실적 내용은 시를 짓는 것을 빼고는 풍류와는 거리가 멀다.

1955년도에 나온 노래 「방랑시인 김삿갓」이 그렇다. 김문응이 작사한 가사는 김삿갓의 실제 인물 김병연의 고통스런 모습을 보여준다.

죽장에 삿갓 쓰고 방랑 삼천리
흰 구름 뜬 고개 너머 가는 객이 누구냐
열두 대문 문간방에 걸식을 하며
술 한 잔에 시 한 수로 떠나가는 김삿갓

세상이 싫던가요 벼슬도 버리고
기다리는 사람 없는 이 거리 저 마을로
손을 젓는 집집마다 소문을 놓고
푸대접에 껄껄대며 떠나가는 김삿갓

방랑에 지치었나 사랑에 지치었나
개나리봇짐 지고 가는 곳이 어데냐
팔도강산 타향살이 몇몇 해던가
석양 지는 산마루에 잠을 자는 김삿갓

김삿갓이 세상을 떠돌면서 지방의 문호들과 시나 짓고 술을 마시며 풍류를 즐긴 것이 아니다. 조부 김일순을 비난한 글로 급제한 것이 평생 죄가 되어 숨어 산 것이다. 그를 옭아매는 죄책감에서 벗어나기 위해 그는 떠남의 삶을 선택한 것이다. 그것은 돌이킬 수 없는 자신의 행위에 대한 자기학대의 일종으로 생각된다. 또한 식솔을 놔두고 혼자 떠도는 것은 무책임하다. 그러나 이런 나의 의견은 21세기 상식적인 판단에 불과하다. 그의 복잡한 심정을 누구도 알 수 없다.

길 떠남은 본성에 남아 있는 수렵채취시대의 산물인지 모른다. 당시에는 식량을 구하기 위해 멀리 떠났고 조금이라도 좋은 먹거리를 구하기 위해 끊임없이 이동을 하는 것이 기본이었다. 오늘날의 떠남은 구경이나 휴식하기 위함이다. 다 목적이 있는 방랑인 셈이다. 계획된 시간에 돌아오는 떠남이다.

김삿갓의 떠남은 오늘날과 천지 차이가 있음에도 그의 아픔은 삭제된 채 그저 멋있게 보이는 것은 무엇인가. 그가 여기저기 다니면서 시를 지어서 끼니를 겨우겨우 해결하던 것을 그리워하지는 않을 것이다. 단지 그가 가진 자유로움을 동경하는 것이다. 모든 관계를 끊고 속박에서 벗어나 자유롭게 다닐 수 있는 그 상황을 멋있게 보는 것이다. 그리고 상황에 따라 즉석에서 시를 짓는 그의 문학적 재능을 부러워하는 것이다. 그의 해학적이고 풍자를 담은 시는 오늘날 우리에게도 시작의 묘미를 준다. 김삿갓같이 되는 일은 단지 생각일 뿐 현실은 그렇지 못하다. 그저 가상의 세계에 들어가 볼 뿐이다. 정말로 그런 시간이 주어진다면 가능하겠는가. 이상한 사람 취급받기 십상이다. 당장 돈이 없으면 반나절 버티기도 어렵다.

은퇴 이후에 세계여행을 하고자 했던 나의 계획은 코로나로 무용지물이 되었다. 그 계획의 근원은 『80일간의 세계 일주』라는 책이다. 물론 영화도 나와 있다. 어린 시절 아주 재미있게 본 책이다. 후일 흑백텔레비전으로 영화로도 보았는데 소설에서 상상한 만큼 재미가 없었다. 상상이 화면이 되니 조금은 낯설었다. 『80일간 세계 일주』는 1873년도에 쥘 베른이 쓴 공상과학소설의 하나였다. 1960년대에 90년 전 소설을 보고 감명 깊게 읽은 꼴이다. 그러나 책을 읽을 당시에도 세계여행은 먼 꿈의 나라의 이야기였다. 해외여행은 극소수의 사람들만 가능했던 시절이었고 지금처럼 항공노선도 많지 않았다.

19세기 소설의 내용은 세계를 80일간 여행을 하고 돌아오는 내기를 하는 것으로 시작한다. 단지 구경하는 것이 아니라 경유하는 여행으로 속도전인 셈이다. 겨우 80일을 채우고 돌아왔는데 시간이 지나버렸다. 극적인 반전은 날짜 선을 통과로 하루를 잘못 계산해서 결국 제시간에 도착하게 된 해피엔딩의 내용이다.

각인된 어린 시절의 기억이나 경험은 쉽사리 사라지지 않는다. 그것에 뿌리를 둔 꿈은 오래 살아남는다. 꿈은 어느 날 갑자기 만들어지는 것이 아니라 오랜 시간에 걸쳐 자라서 그 뿌리가 깊다. 아직도 못다 한 꿈은 언제고 이루어질 것이다. 처음 계획보다 많은 내용이 수정되면서 구체화되어 실현될 것이다. 단지 시기 결정만 남았다. 건강 상태만 이상이 없다면 제일 먼

저 해 볼 일이다.

나의 세계여행은 시간을 정해 어느 곳을 들리는 일이 아니다. 마음 내킬 때마다 장소를 정해 그곳에서 여유 있게 지내면서 창작을 하는 풍류를 맛보려 한다. 21세기 김삿갓은 모양도 다르고 배경도 다르다. 그러나 과거 김삿갓이 가진 그 면모의 일부는 답습하고 재현해 보고 싶다.

제주도 단상

제주도는 우리에게 특별한 이미지를 가지고 다가온다. 제주는 화산섬으로 대략 120만 년 전 바닷속에서 용암이 분출한 후 수차례에 걸쳐 지속 분출되어 오늘의 제주도를 만들어 낸 것이다. 지금의 인류인 호모 사피엔스가 나타나기 이전에 이미 섬이 형성되기 시작한 것이다. 오랜 세월 동안 수차례의 화산활동으로 지금의 아름다운 제주를 만들어 낸 것이다. 제주의 아름다움은 여러 나라를 여행한 후에 우리 제주의 자연과 경관이 빼어나다는 것을 알게 된다.

오래전 신혼여행지로 방문한 제주는 아름답기도 했지만 한적하고 한가로운 어느 시골 같은 분위기였다. 왜냐하면 오름, 동굴, 말 목장, 섬이 보이는 해변 주상

절리, 성산일출봉 등 대표적인 관광명소를 갔음에도 그리 혼잡하다는 느낌이 없었기 때문이다. 그 후 어린 자식들을 데리고 방문한 1990년대 초는 제주가 조금씩 커지고 있는 상태였지만 오래전 신혼여행의 분위기와 비슷했다.

그동안 업무 관련하여 해외의 여러 나라와 그 나라 섬 지역을 다니면서 자연스럽게 제주도와 비교하기 시작하였다. 1980년대의 제주도와 1990년대 2000년대가 각기 다르다. 특히 2010년대는 급격한 변화를 가져온다. 35여 년 이상의 세월이 지나는 동안 제주도는 급속하게 바뀌기 시작했다.

제주 방문이 많아진 것은 나와 관련된 여러 학회들이 학회장소로 제주를 선택해서 매년 학회에 참석했기 때문이다. 사람들의 제주도에 대한 평가도 높아졌다. 해외여행을 많이 다녀 본 결과일 것이다. 그동안 시간이 흘러 은퇴지로 제주가 거론되었다. 올레길도 만들어져 자신을 뒤돌아보려는 사람들이 몰려들었다. 도시 생활에 지쳐 내려온 다양한 계층의 사람들이 지역으로 파고들어 힐링을 겸한 카페나 게스트하우스 등을 운영하기 시작하였다. 이미 제주환경에 대한 문제가 제기되곤 했지만 2000년대 초반까지 제주는 일류 관광지 수준의 적당한 인프라가 완성되어 신혼여행 때보다는 편해졌다.

이 무렵부터 제주 곳곳의 신비로운 자연경관이 세부적으로 눈에 들어오고 느껴지기 시작했다. 개발이 진행되기는 했어도 불과 십 년 전까지 제주는 나에게 신비의 섬으로 느껴졌다. 이미 미주와 유럽 동남아시아를 여러 번 방문한 경험과 비교하여 제주는 새로운 아름다움을 가지고 다가왔다. 아마도 한 지역의 상대적 가치평가라는 것은 여러 지역을 다녀와야 가능했기 때문이리라. 해외로 은퇴 이민 바람이 불기 시작했을 초기에는 제주도는 국내라는 이유로 고려의 대상이 되지 않았다.

지금은 은퇴해서 제주에 살고 싶어도 모든 비용이 비싸 쉽게 갈 수 없다. 그동안 제주도는 해외투자유치를 위하여 시도한 여러 가지 계획들이 가시화되면서 전혀 다른 모습으로 변하기 시작했다. 또한 해외 관광객 유치가 대규모로 이루어져 주변나라 사람들이 쏟아져 들어오기 시작했다 그러나 한동안 즐거운 환호가 이제 질식할 것 같은 비명이 되고 있다. 변해가는 제주의 느낌을 단순한 경험을 예를 들자면 늘 다니는 평화로를 들 수 있다.

2000년대 초에 확장된 평화로는 서쪽에 위치한 북쪽에서 남쪽으로 가는 도로이다. 한라산 서쪽 능선을 넘어가는 직선형 도로로서 일렬 번호를 가진 출입구가 십수 개인 고속도로 형태의 길이다. 도로 양쪽에는 초지이거나 목장으로 방풍림으로 둘러싸여 어쩌다 있는 건축물도 안 보이는 신비한 도로처럼 느껴졌다. 차량의 통행도 지금보다는 적은 한적한 도로였다. 오늘의 평화로는 도로 양옆에 많은 건축물이 들어서고 곳곳이 공사 중에 있어 도시의 고속화도로같이 정취 없는 메마른 도로로 변해 가고 있다.

그동안 제주 인구는 증가하기 시작했으며 공항도 포화상태라는 이야기도 들리곤 했다. 제주 섬의 특징은 무엇인가. 빼어난 지형과 경관이다. 그리고 겨울에도 비교적 춥지 않은 날씨이다. 한 가지 더 보자면 바람이 많고 화산암으로 이루어진 돌이 많다 이 돌로 쌓은 돌담길이나 밭담은 제주의 정취이다. 돌로 이루어진 길 속에 제주 사람의 삶이 있었다. 이제 돌담이나 밭담은 사라지고 있다. 돌 자체가 건축에 사용되고 땅에 묻혀 버렸기 때문이다.

제주 섬은 어찌 보면 한라산 전체가 제주도이고 제주도가 한라산이라 이야기할 수 있다. 지구에서 보기 드문 특이한 화산섬이다. 당연하게 표고 차에 의한 식물군의 배치가 다르다. 그러나 지금 표고 차를 이야기할 수 있을지 의문이 간다. 웬만한 높이의 땅은 집단위락시설이나 타운 하우스 등으로 변해가고 있기 때문이다. 자연 훼손이 불가피한 제2공항의 문제도 그런 의미에서 논란이 된다. 조금씩 규제가 완화되고 신규 시설들이 건설되는 제주도는 십수 년 후면 이전의 모습은 간데없고 그냥 가기 힘들고 자연풍광과 어울리지 않는 건물로 가득 찬 물가 비싸고 볼 것 없는 하나의 섬으로 전락할 수 있지 않을까 우려된다.

1980년대의 제주도는 어떠했을까. 당시 제주에 반해 한없이 제주의 아름다운 자연풍경을 찍던 김영갑 사진작가의 기대감이 지금도 살아 있을까. 한순간의 모습을 위해 며칠을 기다리며 밤을 새우던 그의 열정을 지금 누가 재현해 볼 수 있을까. 이미 고인이 된 작가는 지금도 제주의 풍광을 사진에 담고 싶어 할까. 그의 사진 속의 제주는 신비한 섬 그 자체이다.

그가 본 제주는 영험의 섬, 예술의 섬, 고독한 섬, 하늘과 바다를 연결해 일체를 이루는 섬 그래서 우주와 소통하는 섬이었다. 지금도 가능할까. 감각에 둔한 나도 1980년대의 제주 풍광을 기억하고 그리워한다. 도시와는 다른 고즈넉한 제주를, 그것이 과욕이라면 십 년 전의 제주는 어떨까. 그것도 불가능한 일이다. 수시로 바뀌는 하늘의 경이로운 구름은 여전하고 저녁에 지는 노을빛에 마음을 담아내는 것도 아직은 가능하지만, 자세히 보는 제주 섬의 모습은 상처투성이다.

이제 제주는 마지막 기회만 남았다. 2022년 현재 상태에서 멈추고 돌아보아야 한다. 그리고 건강한 제주를 위하여 근본적인 치유책을 강구해야 한다. 거대 외국 자본 투자를 계속적으로 유치하고 해외 관광객을 끝없이 불러와야 좋은 것인가. 이미 문제는 다 알고 있다. 투자된 많은 시설물들이 버젓이 중산간에 자리를 차지하고 있다는 것을. 몰려왔다 몰려가는 관광 뒤에는 엄청난 쓰레기와 오염된 지하수뿐만 아니라 물 부족,

전기부족, 각종 처리시설의 포화 등 문제가 남는다는 사실을.

대책은 하나다. 개발을 제한하고 적절한 관광 인원만 방문토록 하여 자연경관을 즐기며 휴식할 수 있는 섬으로 만들어야 한다. 그리고 관광을 위한 해외유치도 중요하지만, 후손들에게 자연경관이 보존된 장소로 만들어 물려줘야 하는 일은 더 중요하다. 후손들이 제주를 방문하여 제주 섬을 사랑한 이생진 시인처럼 성산포에서 그리운 바다를 노래하고 파도의 설교를 들어 보는 날을 다시 한번 기대해 본다.

노래하고 노래하고

2022년 12월 05일 초판 인쇄
2022년 12월 10일 초판 발행

지은이 김선환

발행인 강병욱
발행처 도서출판 교음사
편집 수필문학사 편집부

03147 서울 종로구 삼일대로 457 수운회관 1308호
Tel (02) 737-7081, 739-7879(Fax)
e-mail : gyoeum@daum.net
등록 / 제2007-000052호

* 잘못된 책은 바꿔 드립니다. 값 13,000원

ISBN 978-89-7814-881-8 03810

이 책은 제주특별자치도 제주문화예술재단의
2022년도 제주문화예술지원사업 후원을 받아 발간되었습니다.